本书为江西省 2022 年度高校人文社科青年项目"疫情常态化下高校在线教学质量影响因素研究"（项目编号：JY22245）的研究成果。

在线协作学习

评价指标体系研究

江 毅 ◎ 著

江西人民出版社

图书在版编目（CIP）数据

在线协作学习评价指标体系研究／江毅著. --南昌：江西人民出版社, 2024.9. --ISBN 978-7-210-15659-8

Ⅰ. G434

中国国家版本馆 CIP 数据核字第 2024FM5568 号

在线协作学习评价指标体系研究

ZAIXIAN XIEZUO XUEXI PINGJIA ZHIBIAO TIXI YANJIU

江　毅　著

责任编辑：饶　芬

江西人民出版社　出版发行
Jiangxi People's Publishing House
全国百佳出版社

地　　　址	江西省南昌市三经路47号附1号（邮编：330006）
网　　　址	www.jxpph.com
电子信箱	jxpph@tom.com
编辑部电话	0791-86898873
发行部电话	0791-86898815
承　印　厂	北京虎彩文化传播有限公司
经　　　销	各地新华书店
开　　　本	787毫米×1092毫米　1/16
印　　　张	13.25
字　　　数	208千字
版　　　次	2024年9月第1版
印　　　次	2024年9月第1次印刷
书　　　号	ISBN 978-7-210-15659-8
定　　　价	68.00元

赣版权登字-01-2024-608

版权所有　侵权必究

赣人版图书凡属印刷、装订错误，请随时与江西人民出版社联系调换。
服务电话：0791-86898820

前　言

在线协作学习是计算机支持协作学习领域的重要话题,也是技术赋能教育背景下的重要发展方向。尤其是在后疫情时期,线上线下融合教学逐渐成为教育教学新常态。为了提高教学质量,发展学生的协作与交流能力,在线协作学习得到了快速发展和应用。但是,教学实践并没有达到预期的效果,学习者并不会自发地开展在线协作。而评价往往直接或间接地表明学习目标和学习要求,能够使学习者潜移默化地以评价标准约束自己在学习过程中的行为表现,最终达到更好的学习效果。在此背景下,在线协作学习的评价变得愈发重要。

在线协作学习是一种教与学的过程,学习者借助计算机、互联网等信息技术进行对话、交流和讨论,教师也参与其中提供引导和干预,帮助学习者深刻理解与掌握学习内容,促进知识建构。针对在线协作学习的评价,需着重考虑在线协作的过程,以及其中涉及的关键要素。从关键要素方面来说,在线协作学习需聚焦学习者、教师、技术三大要素;从主要过程方面来说,个人建构是在线协作学习的基础,社会建构是在线协作学习的核心,学习支持是在线协作学习的保障。聚焦过程和要素,能够更为立体地呈现在线协作学习,使得评价更为完善。

本书在设计在线协作学习的评价指标时,从在线协作的过程和要素出发,参考了协作学习领域的评价工具、知识建构领域的分析框架,以及相关的评价指标体系,通过多轮专家咨询,确定了在线协作学习的评价指标及其权重。并且,在教学实践过程中实施了评价,对评价指标体系进行了验证。

　　本书共分为六章。第一章主要介绍技术赋能教育背景下在线协作学习评价的重要意义,从人际互动、技术作用、知识建构三方面阐述了在线协作学习的内涵,并从过程模型、影响因素和评价三方面梳理了在线协作学习的相关研究文献。第二章主要介绍协作学习领域和知识建构领域具有代表性的评价工具,并分别从量表评价框架、互动分析框架、内容分析框架、反思自评框架进行剖析,阐述对在线协作学习评价的启示。第三章主要介绍研究的理论基础,阐述了社会建构主义学习理论、教学系统设计理论、探究社区理论对研究的启示;解构了在线协作学习的过程和要素,并从个人建构、社会建构、师生互动、技术支持四个方面提出在线协作学习的PSTI评价框架。第四章主要介绍在线协作学习评价指标设计与开发,通过多轮专家咨询生成完整的评价指标体系,包括4个一级指标,10个二级指标,28个三级指标,以及各项指标对应的权重,并对评价指标体系进行了详细的分析和阐述。第五章主要介绍在线协作学习评价的实施与应用,并对实证研究的方案和过程进行了阐述。在为期三个月的教学实践中,由教师、学生、研究者共同对在线协作学习的表现进行评价。通过对不同主体的评价结果进行对比分析,验证评价指标体系的适用性和有效性,挖掘在线协作学习过程中存在的问题,并提出改进策略。第六章提出了研究的主要结论,以及今后可能的研究方向。

　　本书的出版获得上饶师范学院博士科研启动项目(编号:K6000615)、江西省高校人文项目(编号:JY22245)的支持,特此致谢!

江毅
2024年4月

目录

第一章　绪论 —— 1
　　一、研究缘起 —— 1
　　二、核心概念界定 —— 5
　　三、研究现状及述评 —— 14
　　四、研究目的与意义 —— 23
　　五、研究思路与方法 —— 24

第二章　在线协作学习评价的多维审视 —— 27
　　一、文献选取的确定 —— 27
　　二、协作学习领域的评价框架 —— 28
　　三、知识建构领域的评价框架 —— 34
　　四、对在线协作学习评价的启示 —— 42

第三章　在线协作学习评价的理论框架建构 —— 45
　　一、研究的理论视角 —— 45
　　二、在线协作学习的过程解构 —— 56
　　三、在线协作学习的 PSTI 评价框架 —— 64

第四章　在线协作学习评价的指标设计与开发 —— 78
　　一、在线协作学习评价的目的 —— 78

二、在线协作学习评价指标的初步设计 —— 80
三、在线协作学习评价指标的专家验证 —— 88
四、在线协作学习评价指标的权重计算 —— 103
五、在线协作学习评价指标的分析与阐述 —— 115

第五章　在线协作学习评价的实施与应用 —— 119
一、在线协作学习评价实证研究方案概述 —— 119
二、在线协作学习评价的实证研究过程 —— 124
三、在线协作学习评价指标体系应用 —— 131

第六章　研究结论及展望 —— 168
一、研究结论 —— 168
二、研究创新点 —— 170
三、不足及展望 —— 171

参考文献 —— 172
附录 —— 189
　　附录一：在线协作学习评价指标体系咨询问卷（第一轮专家咨询）
　　　 —— 189
　　附录二：在线协作学习评价指标体系咨询问卷（第二轮专家咨询）
　　　 —— 193
　　附录三：层次分析法计算函数（Excel版） —— 200
　　附录四：在线协作学习表现评分表 —— 201

第一章
绪 论

协作是社会发展的一种重要属性，推动着人类文明的传承与进步。在信息技术的支持下，时空障碍正在逐渐被打破，互联互通越来越容易，人与人之间的协作交流变得更加频繁和高效，这将进一步地推动人类社会的发展和进步。在教育领域中，也同样强调培养学生的协作与交流能力，尤其是在技术的支持下与他人进行协作，使其能更好地为未来的生活做好准备。

一、研究缘起

随着互联网和信息技术的发展，在线学习逐渐融入人们的日常生活。MOOC、短视频、电子阅读、在线论坛、实时互动、消息推送等新型"互联网+教育"的形式层出不穷，每个人都可以随时随地地学习。当然，在这种泛在学习的背景下，学习并不只是个人独自的学习，还包括与他人协作互动进行的学习。

（一）社会发展催生教育教学的变革

创新正成为社会发展的关键动力，全世界范围内都在强调创新驱动，以期在国际竞争中占据优势地位。我国2016年颁布《国家创新驱动发展战略纲要》，把创新摆在了国家发展全局的核心位置。但创新越来越有赖于团队的力量，个体需要与他人一起协作，共同努力，从而实现创新和创造。世界经济论坛于2015年和2016年连续发布两份报告——《教育的新愿景：激发技术的潜力》和

《教育的新愿景:技术促进社会学习和情感学习》。报告指出,今天的学生面临着越来越复杂的挑战,与以往相比,他们需要的不仅是取得学术上的成就,更需要具备协作、交流、创造和解决问题等一系列能力。如此,他们才能够更好地适应当前经济社会的发展。

新事物的产生可能是替代旧事物,也可能是补充旧事物。教育变革的目的并非是完全地否定,而是对以往的批判和继承,通过新的教育理念、方法和手段,来弥补当前教育的不足。《国家中长期教育改革与发展规划纲要(2010—2020)》明确指出"倡导启发式、探究式、讨论式、参与式教学,帮助学生学会学习"。无独有偶,其他一些国家或组织也纷纷传达了相似的理念。为了帮助学生应对越来越复杂的生活与工作环境,美国以"21世纪技能"为目标,开启了新的课程与教学改革,其中尤为强调"创新、批判性思维、交流与合作"等技能的培养。此外,在深度学习能力框架中,不仅包含认知领域和个人领域的相关能力,还突出人际领域的能力,即与他人协作的能力和有效交流的能力[1]。欧盟的《终身学习的关键能力》,强调交流能力、数字能力、社交能力、学会学习能力等[2];世界经济合作组织的《21世纪学习者的技能和能力》,强调信息的获取和生成、有效交流、协作和虚拟互动以及社交能力[3]。

在这些能力框架中,都在强调创造创新、交流协作,及信息素养等能力。显然,着力培养协作、创新能力已成为各国共识。同时,研究也表明,协作能够提高学习的效果,通过小组协作,能够增强学习者的学习投入,实现对学科知识的深度学习[4]。协作学习对学习的结果具有积极的影响,尤其是在学习成就和学习

---

[1] James W. Pellegrino, Margaret L. Hilton. Education for life and work: developing transferable knowledge and skills in the 21st century[M]. Washington, DC:The National Academies Press,2012.

[2] Official Journal of the European Union. Key Competences for Lifelong Learning: A European Reference Framework[EB/OL]. 2019-10-06. http://eur-lex.europa.eu/LexUriServ/LexUriServ.do? uri=OJ:L:2006:394:0010:0018:en:PDF.

[3] Ananiadou K, Claro M. 21st Century Skills and Competences for New Millennium Learners in OECD Countries[EB/OL]. https://www.oecd-ilibrary.org/docserver/218525261154.pdf? expires=1570345396&id =id&accname=guest&checksum=B7E5BF0307A39B7D1F41031ABA5F2090.

[4] Hmelo-silver C E. Problem-Based Learning: what and how do students learn? [J]. Educational Psychology Review, 2004, 16(3):235-266.

态度方面,具有显著的促进作用[1]。也有研究表明,在 CSCL(Computer-Supported Collaborative Learning)情境下,小组协作学习能够比个人独自学习取得更好的效果[2]。为此,协作学习成为当前教育改革的重要方向。

(二)技术赋能促进在线协作学习的发展

尽管技术对教育教学的促进作用一直备受争议,但不可否认的是,技术改变了教育的形态,改变了教与学的过程,促使教育朝着更好的方向发展[3]。其中,CSCL 正是在技术赋能教育的背景下产生的。伴随着技术的发展和成熟,CSCL 经历了从最初的计算机支持的群组学习、手持设备支持的协作学习,到互联网支持的虚拟协作学习、无线网络环境下的协作学习以及智能代理(agent)支持的协作学习等多种形态的变迁[4]。在技术的支持下,协作学习不再局限于课堂中面对面地讨论,还出现了线上与线上的协作、线上与线下的混合协作等多种形式。它不仅丰富了协作学习的过程,更是拓展和延伸了协作学习的时间和空间。在技术的支持下,学习者能够更好地与他人进行批判性交流和论证,从而实现高阶思维能力的发展[5]。

信息技术已经为协作学习提供了丰富多样的数字化学习环境。MOOC 论坛、网络教学平台、在线协作平台,以及 QQ 和微信等社交媒介,都能够很好地支持学习者的在线协作学习。尤其是在 5G 技术的赋能下,在线协作学习中的内容获取、互动过程以及学习环境都将产生重大变化,为情境认知、远程协作实验、

---

[1] Kyndt E, Raes E, Lismont B, et al. A meta-analysis of the effects of face-to-face cooperative learning. Do recent studies falsify or verify earlier findings? [J]. Educational Research Review, 2013, 10(4):133-149.

[2] Chen J, Wang M, Kirschner P A, & Tsai C C. The role of collaboration, computer use, learning environments, and supporting strategies in CSCL: A meta analysis[J]. Review of Educational Research, 2018, 88(6):799-843.

[3] 顾小清,王春丽,王飞.回望二十年:信息技术在教育改革与发展中的历史使命及其角色[J].电化教育研究,2017,38(06):9-19.

[4] 李海峰,王炜.计算机支持的协作学习的研究谱系与发展动态[J].中国远程教育,2019(03):23-33.

[5] Kirschner P A, Erkens G. Toward a framework for CSCL research[J]. Educational Psychologist, 2013, 48(1):1-8.

万物智能协作等新形式提供可能,进而实现信息互动到物联互动、符号互动到沉浸互动、人际互动到万物联动、终端互动到泛在互动的转向[①]。由此,在线协作学习也能够更好地适应不同的教育教学情境,服务于 21 世纪的人才培养。

(三)在线协作学习的评价越来越受重视

尽管在线协作学习具备得天独厚的发展土壤,但仍然有现实的问题在制约其发展。在线协作学习的过程十分复杂,许多研究者试图打开这个"黑箱"。然而,尽管设计好了学习活动,并帮助学习者组建了学习共同体,但在线协作、社会互动却并不会自然而然地发生[②]。在实际的教学中,常常表现为大部分学习者只是参与在线学习,却不参与在线协作。这直接导致了在线协作流于形式,小组的学习任务难以完成。为此,在教学实践中常常通过强调对小组成果的评价来解决这一问题。不过,这一举措却收效甚微,且新的问题随之而来。尽管学习者都能够参与在线的交流和讨论,但他们往往是为了讨论而讨论,只是假装在参与学习,其实大多停留在观点的分享层面,并且总是快速地达成一致意见,从而结束讨论。此外,学习者意见达成一致的原因并不是同伴的观点具有很强的说服力,而是因为他们希望尽快结束讨论进入下一个环节。在实际的学习活动中,则直观地表现为很多学生常常不假思索地回应"我觉得这个就很好""就按你说的做""赞""好的,就这样,我们继续",等等,由此来确保在线协作能够在短时间内完成既定的学习任务,提交小组成果。这种简短而快速的讨论看似高效,实则导致部分学习者不愿意参与协作讨论,倾向于盲目地听从同伴的意见,造成"搭便车""浑水摸鱼"的现象。

这些问题和对策的背后,隐约透露出两个重要信息。其一,学习者对在线协作过程的理解并不全面;其二,学习者会按照评价标准(明确的或暗含的)参与协作。研究表明,学习者个人对任务的理解和感知十分明确,但却并不清楚同伴

[①] 李海峰,王炜.5G 时代的在线协作学习形态:特征与模式[J].中国电化教育,2019(09):31-37+47.

[②] Kreijns K, Kirschner P A, Jochems W. Identifying the pitfalls for social interaction in computer-supported collaborative learning environments: A review of the research[J]. Computers in Human Behavior, 2003, 19(3):335-353.

对任务的理解和感知,并且,彼此对学习时间的安排并不完全相同,还缺乏相应的协调[①]。这也就意味着学习者更多的是了解在线的自主学习,而非协作学习,他们能够很好地进行个人的学习,但却并不十分清楚如何与他人一起进行学习。研究还表明,尽管学习者并不热衷于讨论在线协作学习的评价方式,但其实大部分学习者都能够正确地感知学习的评价,而且认真地了解学习活动的要求和评价的标准。由此可见,学习者对在线协作学习的过程可能并不了解,但对评价却很明确。即便没有明确地告知评价规则,学习者仍然会根据潜在的要求参与在线协作学习。由此可见,评价的内容和标准往往直接或间接地表明学习的目标,并促使学习者不自觉地以某种标准约束自己的学习过程,从而更好地达到在线协作学习的目的,因此,在线协作学习的评价变得愈发重要。

二、核心概念界定

在线协作学习指的是学习者借助计算机和互联网,通过协作学习的方式,针对同一个问题或话题进行交流和讨论,获得对讨论主题的深刻理解,或者实现问题的解决,并且是在教师的指导下开展的教与学活动。

(一) 在线协作学习的基本含义

计算机支持下的协作学习(Computer-Supported Collaborative Learning, CSCL)为教与学提供了有效的技术支持服务,目前正广泛地应用于教育教学领域[②]。随着信息技术和互联网的发展,"在线(Online)"与"计算机支持(Computer-Supported)"逐渐成为意义相同的概念。在CSCL的研究中,70%以上的文献采用了"在线协作学习(Online Collaborative Learning)"这一术语[③]。某种程度

[①] 穆肃,雷艳,刘海星.学习者了解在线协作学习吗?——在线协作学习感知分析[J].开放教育研究,2016,22(03):71-81.

[②] Kirschner P A, Erkens G. Toward a framework for CSCL research[J]. Educational Psychologist, 2013, 48(1):1-8.

[③] Zheng L, Huang R, Yu J. Identifying Computer-Supported Collaborative Learning (CSCL) Research in Selected Journals Published from 2003 to 2012: A Content Analysis of Research Topics and Issues[J]. Educational Technology & Society, 2014, 17(4):335-351.

上,在线协作学习已经成为CSCL的另一称谓,或者说成为CSCL领域中最重要的部分。大部分的研究提及在线协作学习时并没有专门去对其进行界定,而往往使用一些模糊的概念,或者直接套用协作学习的相关概念。

赵建华和李克东认为,协作学习指的是通过小组或团队的形式组织学习者开展学习的过程,学习者之间需要通过对话、讨论等方式对问题进行交流论证,以期达到对学习目标的最佳理解[1]。

钟志贤和曹东云认为,网络协作学习指的是在计算机网络以及多媒体等相关技术的支持下,不同的学习者针对同一学习任务或内容,彼此之间进行协作和交互,从而实现对教学内容深刻理解与掌握的过程[2]。

Stahl等人认为,CSCL指的是一种教与学的过程,强调借助软件或应用程序,把学习者聚集在一起,通过相应的教学策略,鼓励学习者从不同的视角讨论信息和问题,并阐释和加深自身的理解,从而进行富有创造性的学习活动[3]。

Harasim认为,在线协作学习指的是在线教育环境中的一种教学方法,强调教师指导下的小组协作讨论和知识建构[4]。其中,学习者之间的交流和讨论是核心,在运用专业知识讨论的过程中实现新知识的建构或解决方法的创新。并且,需要教师既作为学科专家来进行组织和指导,又作为协作的一分子参与其中,从而促进学习者的交流和讨论,帮助学习者掌握学科知识。同时,技术的作用毋庸置疑,尽管它不能代替协作和讨论本身,但却可以有效地促进学习者之间的讨论和师生互动。

透过上述不同定义可以看出,在线协作学习的概念与协作学习、网络协作学习、CSCL等概念之间有着密切的关联。它们都包含一个核心的内容,即学习者之间的交流与互动。并且,它们目的都在于促进知识建构,取得更好的学习效

---

[1] 赵建华,李克东.协作学习及其协作学习模式[J].中国电化教育,2000(10):5-6.
[2] 钟志贤,曹东云.网络协作学习评价量规的开发[J].中国电化教育,2004(12):49-52.
[3] Stahl G, Koschmann T, Suthers D D. Computer-supported collaborative learning[M]// Sawyer R K (Ed.), Cambridge handbook of the learning sciences(2nded.), NY:Cambridge University Press, 2014:479-500.
[4] 琳达·哈拉西姆,肖俊洪.协作学习理论与实践——在线教育质量的根本保证[J].中国远程教育,2015(08):5-16+79.

果。而不同界定之间的差异更多的还是体现在对技术的阐述方面,从没有技术,到网络环境、计算机技术,再到计算机与互联网集成系统。

整体而言,可以从三个方面理解在线协作学习:协作、技术、教学法。其中,协作强调的是在线协作学习的本质,不同的学习者聚集在一起形成小组或学习共同体,围绕相同的学习任务、话题、问题开展对话、交流和讨论,通过协作的形式来更好地达成学习目标。技术强调的是在线协作学习的环境,借助计算机设备、互联网等技术,学习者彼此之间进行交互和协作。教学法强调的是,在线协作学习不仅包括学习者的学,也包括教师的教。学习者开展在线协作讨论的过程中,也需要教师指导和参与,从而促进知识建构。

综上所述,在线协作学习指的是一种教与学的过程,尤其强调在学校教育场景中,不同的学习者借助计算机、互联网等信息技术进行对话、讨论和交互,教师也参与其中提供引导和干预,帮助学习者深刻理解与掌握学习内容,促进知识建构。

(二)在线协作学习中的人际互动

在线协作学习与在线学习的兴起密不可分,是发生于在线环境中的协作学习。在线学习的主要目的在于把教学内容数字化,然后借助计算机和互联网络大量地传播给不同的学习者。随着互联网和计算机技术的发展,MOOC显然已经成了典型的在线学习应用。大部分学习者发生的是在线自主学习,进行的是人机交互,而人际交互则较为罕见。尽管MOOC课程也有论坛的设计,但它并没有发挥应有的功能,反而变得与作业、测验的功能相似。甚至,师生并不愿意使用这个模块的功能。因此,尽管注册选修同一门MOOC的学习者数量很多,但还是容易产生在线的孤独感。学习者常常缺乏与他人共同学习的氛围,再加上教师干预作用的弱化,更加容易发生中途辍学的问题。

但对于在线协作学习而言,则更加关注人与人之间的交流。学习者与他人一起学习,通过协作探究、交流讨论等交互活动来理解学习材料,建构新的知识。并且,教师在这种情境中需要付出更多的努力,才能为学习者呈现优质的资源,以及为学习者营造临场感。因此,越来越多的在线学习开始强调教师的干预[①]。例如,教师向 MOOC 学习者推送课程信息,提供线下指导,或者借助 QQ、微信进行交互。并且,在线协作学习关注学习者之间的交互过程,强调社会互动的重要作用[②]。例如,要求 MOOC 学习者参与论坛讨论,并纳入最终的课程考核。

可见,在线协作学习并不等同于在线学习,学习者除了需要进行在线的自主学习,还需要与他人进行有意义的互动,彼此分享观点、交流信息、解释论证,从而得到丰富的共同体知识。学习者除了要有自己的想法和观点之外,还要帮助其他人理解这些想法和观点。这个过程中不仅包括学习者独立的思考,还包括个体思维的外显,学习者可以代入彼此的思维过程,从不同视角去看待问题。同时,还必须关注教师的重要作用,通过师生互动来引导、干预,从而取得更好的学习效果。

(三)在线协作学习中技术的作用

在线协作学习的一个重要特征是学习者借助计算机设备和互联网进行协作交流,从而共同完成学习任务。它的基本属性强调技术增强的学习(Technology Enhanced Learning),即信息技术支持下的协作学习。对于在线协作学习而言,技术同样发挥了巨大的作用,扮演着不可或缺的角色。

从已有的研究和实践来看,技术扮演的一个重要角色是支持互动,即沟通作用[③]。沟通主要体现交流的功能,学习者可以借助信息技术和互联网与他人进行讨论和互动。技术工具不仅仅提供了互动的中介,还帮助存储了交流的内容,提供了相关的信息和资源,从而使得在线协作学习由知识获取转向了参与和创造[④]。随着信息技术和互联网的发展,尤其是在移动技术和无线网络的支持下,

---

① 刘斌,张文兰,刘君玲. 教师支持对在线学习者学习投入的影响研究[J]. 电化教育研究,2017,38(11):63-68+80.

② 吴祥恩,陈晓慧,吴靖. 论临场感对在线学习效果的影响[J]. 现代远距离教育,2017(02):24-30.

③ Lehtinen E, Hakkarainen K, Lipponen L, et al. Computer Supported Collaborative Learning: A Review [EB/OL]. https://www.researchgate.net/publication/250788384_Computer_Supported_Collaborative_Learning_A_Review, 2019-12-31.

④ Wise A F, Schwarz B B. Visions of CSCL: eight provocations for the future of the field[J]. International Journal of Computer-Supported Collaborative Learning, 2017, 12(4):423-467.

沟通和存储作用得以同时发挥,给在线协作学习带来了新的体验。技术的整合不仅能支持随时随地交流,而且能让学习者获取相关信息和资源,并对互动过程进行反复地查看,以实现有效的在线协作学习。例如,人们日常使用的智能手机,不仅可以与他人进行交流,还可以进行互联网访问,在线查找资料,记录互动过程等,为在线协作学习的有效开展提供了便利的条件。尤其是其中搭载的社交平台(QQ或微信),具有实时交互功能,可以保存对话的内容,并可以连接到网络,从而促进有效互动。

随着当前信息技术的发展,"在线"的概念实际上发生了泛化,它不再局限于以往的台式计算机和网络宽带技术,而逐渐泛指移动设备、无线网络、应用程序、AR/VR、人工智能等新技术。因此,协作学习的形式也发生了变化,逐渐从面对面、计算机支持发展到混合的形式①。在这种情况下,尽管协作学习依然可以根据技术的使用来进行类型的划分,但划分的意义基本停留在了理论和术语的层面,实际的学习过程中,不同类型的协作学习常常整合在一起,以期达到更好的效果。

在本书的界定中,技术的作用主要表现为沟通和存储,这也成为在线协作学习的两个重要特征。这种划分与 Kirschner 和 Erkens 的观点类似,他们认为 CSCL 情境中的技术普遍扮演沟通工具(communication tools)和生产工具(productivity tools)的角色②。沟通意味着学习者可以借助网络技术与他人进行同步或异步的文字、语音和视频交流,这也是在线协作的基本属性,或者称之为在线协作发生的基础。生产则意味着学习者可以利用平台存储信息、获取资源,进行深入的交流和讨论,从而获得新的理解和认识,创造出人工制品。这一特征可以帮助学习者进行回顾和反思,进而提高在线协作的质量。因此,在线协作学习主要强调的是技术支持下的学习环境,技术能够发挥沟通和存储作用,支持和促进有效的社会互动,从而达到更好的学习效果。

---

① 彭绍东.从面对面的协作学习、计算机支持的协作学习到混合式协作学习[J].电化教育研究,2010(08):42-50.

② Kirschner P A, Erkens G. Toward a Framework for CSCL Research[J]. Educational Psychologist,2013,48(1):1-8.

(四)在线协作学习中的知识建构

对知识建构的内涵理解学界并没有达成一致,学者们的主要观点如下:

钟志贤认为,知识建构是学习者在原有认知结构或经验的基础上,改造原有的知识经验或创造新意义,主要有个人建构和协作建构两种方式[①]。

赵建华认为,知识建构是学习者在社区中互相协作、共同参与学习活动,如问题解决,形成观念、理论或假设等人工制品。同时,个体在公共知识的形成过程中获得相关知识[②]。

谢幼如等人认为,协作知识建构是个体在小组中互相协作、共同参与某种有目的的活动,最终形成某种观点、思想、方法等智慧产品的过程。其目的在于为共同体形成具有某种价值的公共知识,而不是简单地增加个体头脑中的内容,它关注的是群体知识的建构和改善[③]。

张义兵等人认为,知识建构的目标在于发展学习共同体内的公共知识,学生是积极的认知者,共同承担认知责任,同时,学生也是知识的创造者,而学习则是知识创造过程的副产品[④]。

Scardamalia 和 Bereiter 认为,知识建构指的是对共同体有价值的观点的生成和持续改进,强调一种集体活动,共同体中的成员不断地进行观点的分享、解释、交流、讨论,从而发展和改进集体的知识[⑤]。

Gunawardena 认为,知识建构是一种社会化过程,包含着意义协商和共同建构,知识是小组的产品,但个人也同样在小组的分享活动中建构了自己的

---

① 钟志贤.知识建构、学习共同体与互动概念的理解[J].电化教育研究,2005(11):20-24+29.
② 赵建华.知识建构的原理与方法[J].电化教育研究,2007(05):9-15+29.
③ 谢幼如,宋乃庆,刘鸣.网络课堂协作知识建构的群体动力探究[J].电化教育研究,2009(02):55-58.
④ 张义兵,陈伯栋,Marlene Scardamalia,Carl Bereier.从浅层建构走向深层建构——知识建构理论的发展及其在中国的应用分析[J].电化教育研究,2012,33(09):5-12.
⑤ Scardamalia M, Bereiter C. Computer support for knowledge-building communities[J]. Journal of the Learning Sciences, 1994, 3(3):265-283.

知识①。

Weinberger 和 Fischer 认为,知识建构是一种争论对话的过程,涉及参与、认知、争论和社会模式四个方面,对话活动的频率与学习者知识获得的数量密切相关②。

Stahl 认为,知识建构是个体与他人交互的社会化过程,小组和个人观点在互动中相互影响和转换,而知识存在于其中,是社会交流与协商的产品③。

根据内涵、过程和目的不同,知识建构大致可以包括三种取向,其中,获得取向关注个人知识,妥协取向关注社会知识,创造取向则二者兼顾,它们各自有其存在的意义,适应不同阶段社会的发展,详见表 1-1 所示。

表 1-1 知识建构的三种取向

	获得取向	妥协取向	创造取向
内涵	个体心理结构的变化	小组任务的完成	共同体知识的改进
过程	通过个人的学习和思考,促使新信息在旧经验的基础上发生同化和顺应	通过与他人的互动,进行观点的分享和讨论,促使小组观点达成一致	通过与他人的互动,进行观点的分享和讨论,从而生成丰富的、有价值的观点
目的	获得个人的理解	获得相同的理解	拓展共同理解的基础

当前所拥有的公共知识或者社会知识最初来源于个体,如果缺乏个体的经验,甚至难以推动人类社会取得今天的发展和成就。这一过程实现了个人知识向社会知识的转化,并借助技术手段,例如,在早期的时候,受限于科学技术水平,并非所有的知识都能够被保留下来,尤其是在知识的保留只能依靠口耳相传的方式时,更不可能把所有的个人知识保留下来。因此,往往只有部分的个人知

---

① Gunawardena C, Lowe C, & Anderson T. Analysis of a global online debate and the development of an interaction analysis model for examining social construction of knowledge in computer conferencing[J]. Journal of Educational Computing Research, 1997,17(4):397-431.

② Weinberger A & Fischer F. A framework to analyze argumentative knowledge construction in computer supported collaborative learning[J]. Computers & Education, 2006, 46(1):71-95.

③ Stahl G. A model of collaborative knowledge-building[M]// Fishman B, Fourth International Conference of the Learning Sciences, Mahwah, NJ: Erlbaum, 2000:70-77.

识会被保存下来,并逐渐成为社会知识。但究竟保留哪一部分的个人知识需要经历分享、协商和论证,最终,成功的经验、有价值的知识才会得到共同认可,得以保留并发展为社会知识,而其他人的知识和经验则会被迫遗弃。当越来越多的社会知识形成以后,个人要获得这些社会知识就不可避免需要接受学校教育。因此,学校教育很重要的一个目的就是帮助学习者快速地掌握大量社会知识。在获取社会知识时,最便捷的学习方式便是背诵和记忆。相应地,为了检验学习的效果,往往采用纸笔测验的方式,判断学习者是否掌握了以往积累的社会知识,从而实现社会知识向个人知识的转化。

从中可以看出,个人知识在社会发展中起着重要的推动作用,只有不断地产生个人知识,才能推进社会的发展,这也就凸显了获得取向的重要意义。而对于整个社会而言,个人知识必须转化为社会知识才能真正实现其价值,这也就凸显了妥协取向的重要意义。一方面,个体通过获得以往的社会知识来建构自己的新知识;另一方面,个体还需要与他人达成妥协,从而建构新的社会知识。因此,在以往的教育教学过程中,为了更好地让学习者适应社会需求,获得取向和妥协取向占据重要地位。

但从另一种视角来看,其背后暗含着进化论的观点,即优胜劣汰。尤其妥协取向的实质是舍弃了更多的知识,它仅仅保留着部分优秀和成功的经验,以便于其他人可以获得这些知识。但实际上,那些被迫舍弃的知识同样具有重要的意义。在以往的社会发展过程中,优胜劣汰具有现实意义,能够确保人类文明的进步和发展。与此同时,它也是一种无奈之举。人们很难与足够多的人进行交流和讨论,甚至于这么多的思想、观点、知识也无法全部被保留下来。但伴随着信息技术的发展和进步,无论是与他人交流,还是大量的知识保存都已经成为可能。个体的知识经验可以不断地与他人进行分享、交流和碰撞,从而快速地产生新的社会知识。并且,即便是不那么优秀的个人知识,也可以被记录和保存下来,并在特定的时刻成为有价值的社会知识。正因如此,信息技术时代才会出现所谓的知识爆炸式增长的现象。

在这种情况下,不得不进行相应的反思,即获得取向和妥协取向已不能适应教育的需要。尤其是强调学习者的交流协作、创新思维、创造能力等方面时，这些显然无法通过获得知识来养成。而妥协取向的过程，又未能表达出对个人知识的足够重视。例如，当学习者意识到自己的观点可能会因为不够优秀，而在协商讨论中被忽略时，必然会产生消极的影响，进而导致其不愿与他人讨论，甚至干脆拒绝分享和交流。对学习者而言，更适切的应该是创造取向，即建构社会知识的同时，尊重个人知识。

为此，本书界定的知识建构更加强调创造取向，与 Scardamalia 以及张义兵等人的观点较为一致，认为知识建构是社会知识的不断生成和持续改进。创造取向在最大程度上关注和尊重个人知识，并通过不断地分享、交流、论证来改进所有的观点，从而形成丰富的、有价值的社会知识。在信息技术的支持下，创造取向的知识建构也成为可能。尽管社会的发展未必需要依赖每个个体的知识，但让学习者参与这一过程，才能更好地理解社会知识的形成和发展，进而培养知识创新创造的能力。相应地，学习者参与在线协作的过程能够意识到自己对于共同体的重要作用，从而积极地作出贡献，促使在线协作达到高水平的知识建构。

综上所述，知识建构强调的是小组或共同体中，不同学习者（成员）之间通过协作学习的形式进行交流讨论，从而生成和改进观点、理论或知识。其中，强调协作学习的方式，即本书中所关注的知识建构是协作知识建构，而个人知识建构与社会知识建构则属于其中的重要组成部分。这也是为什么 Scardamalia 等人把学习者个人的学习（个人知识建构）作为知识建构的副产品来看待。在后文的描述中，"知识建构"与"协作知识建构"将作为同义词使用，不再进行专门的区分。

同时，结合前文对在线协作学习的相关论述，也可以得出它与知识建构之间的关系。在本书的界定中，学习者通过在线协作学习的方式，进行有效的社会互动，其根本目的就在于实现高水平的知识建构。此外，在线协作学习与知识建构都强调信息技术的支持作用，因此，"在线协作学习"与"在线协作知识建构"也作为同义词使用。尽管二者采用的是不同的术语，但描述的却是同一过程，区别仅在于前者从学习方式进行描述，而后者从学习目的进行描述。

三、研究现状及述评

(一)在线协作学习的过程模型

Stahl 的研究成果 *A Model of Collaborative Knowledge-Building* 成为协作知识建构过程模型研究的里程碑,对这一研究主题的丰富和深化具有重要意义。Stahl 从个人知识建构和社会知识建构两个方面来论述协作的过程,旨在提供一个简化的模型来帮助理解协作知识建构,为设计协作知识建构的活动过程提供可操作的概念化框架,如图 1-1 所示[①]。

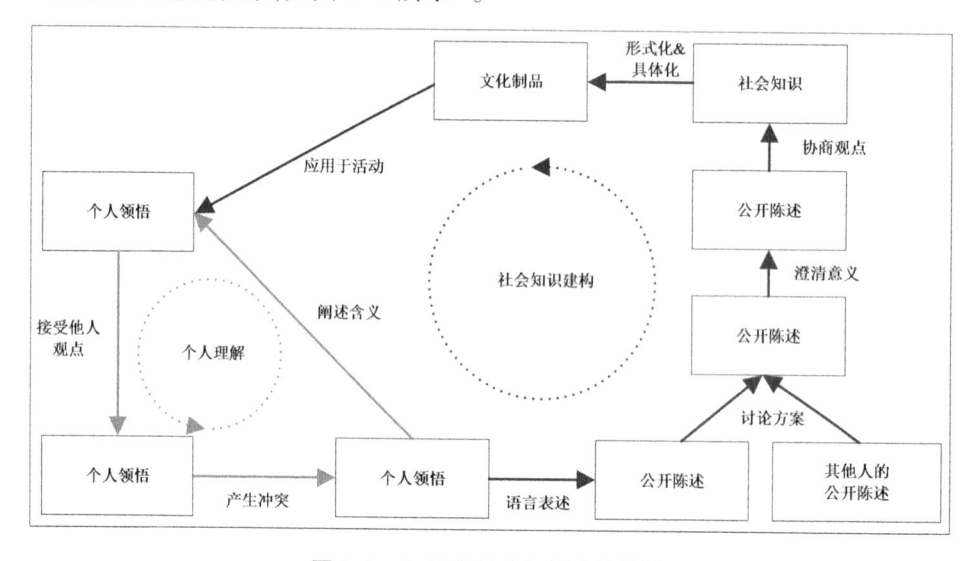

图 1-1 Stahl 的协作知识建构模型

该模型从左下角的个人理解循环开始,描述了个人领悟通过话语得以清楚地表达,并以公开陈述的形式进入社会互动的过程。学习者根据每个人陈述的观点不断地进行对话,通过合理论证、澄清意义、分享理解,产生社会知识,最终形成文化制品。而这种文化制品又被共同体中的成员所接受和使用,形成个人的领悟,塑造个人的思维方式,改变其原有的认知结构,并进入新一轮的循环过

---

① Stahl G. A model of collaborative knowledge-building[M]// Fishman B, Fourth International Conference of the Learning Sciences, Mahwah, NJ: Erlbaum, 2000:70-77.

程。尽管该模型中阐述的要素可能不够完备,要素之间的关系可能不合理,真实的协作知识建构过程也并非完全依照流程进行,存在诸多局限性。但最重要的是 Stahl 的协作知识建构模型打开了黑箱,将协作知识建构的过程清晰地呈现出来,为教学设计提供了可参考的框架和方案,也为相关研究提供了分析思路。

谢幼如在大量文献研究的基础上,对协作知识建构的研究进行了反思和分析,并提出了基于网络的协作知识建构模型①。谢幼如认为,协作知识建构由输入阶段、协作阶段,以及输出阶段组成,其模型包含五个环节:共享、论证、协商、创作、反思,五个环节螺旋上升,形成完整的协作知识建构过程。同时,谢幼如等人认为该模式能够显著提高学生的协作能力、问题解决能力,以及学习成绩②。

So 等人提供了更加具有指导性的方案,以确保新手也能够快速地融入其中,并把协作知识建构划分为四个主要的阶段:观点的生成(Idea generation)、观点的联系(Idea connection)、观点的改进(Idea improvement)和观点的升华(Rise above)③,如图 1-2 所示。

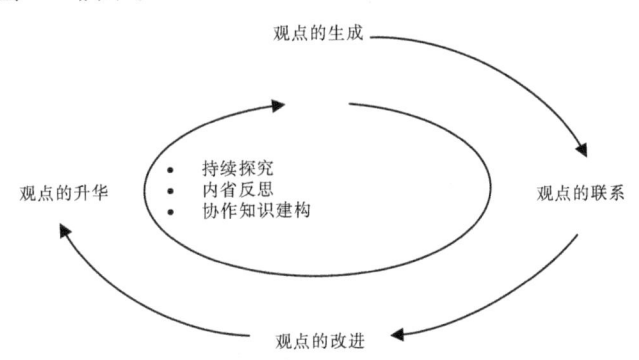

图 1-2 面向所有学习者的知识建构模型

首先,活动的发起需要鼓励学生围绕某一主题或话题阐述观点或提出问题;其次,在初步的观点产生后,学习者之间相互对照和比较彼此的观点;最后,学习

---

① 谢幼如. 网络课堂协作知识建构模式研究[D]. 重庆:西南大学,2009.
② 谢幼如,宋乃庆,刘鸣. 基于问题的网络课堂协作知识建构模式[J]. 电化教育研究,2010(01):36-38+47.
③ So H J, Seah L H, Tohheng H L. Designing collaborative knowledge building environments accessible to all learners: Impacts and design challenges. [J]. Computers & Education, 2010, 54(2):479-490.

者努力寻找其他的资料,以此来建立起彼此观点之间的联系。值得注意的是,学生提出可以改进的观点十分重要。可见,So 等人的协作知识建构模型更强调学习活动方面的内容,为学习者如何参与协作知识建构活动提供了参考和借鉴。

此外,也有研究者关注真实问题的原则,强调基于问题解决的过程开展协作知识建构。例如,马志强设计了面向问题解决的在线学习活动,该活动包括四大核心要素:问题的情境、问题解决的角色、任务步骤,以及资源与工具[1]。同时,主要包括三个阶段:信息加工阶段、观点和方案的建构阶段、观点和方案的提炼或浓缩阶段[2]。赵海霞也设计了包含三个阶段的基于问题的协作知识建构流程,并对详细的流程进行了阐述[3]。不仅如此,她还尝试采用翻转课堂的教学模式,构建了在线深度协作知识建构策略框架,旨在促进学习者达到高水平的知识建构[4]。

但遗憾的是学习者高水平知识建构并没有达到理想的状态,大多仍然停留在信息分享层面。彭绍东认为,这一问题的主要原因是学习过程过于依赖学习者,缺乏教师的有效参与,需要在个体知识建构、社会知识建构基础上,增加教师点评讲解的高层次认知环节,形成 BCL(Blended Collaborative Learning)知识建构的三循环模型[5]。

在新近的研究中,李海峰和王炜对协作知识建构模型的研究做出了新的贡献[6]。他们发现,当前存在的问题主要表现为在线无协作、协作无建构,以及建构水平较低,其原因在于以往的协作知识建构模型未能强调组织的系统性和连续性。为了解决这一问题,研究者借助"场"的隐喻,基于自组织理论构建了面向问题解决的在线协作知识建构模型,以实现过程的动态性和连续性。最终,该

---

[1] 马志强.问题解决在线学习活动设计与应用的实证研究[J].中国电化教育,2012(12):41-46.
[2] 马志强.问题解决学习活动中知识建构的过程与规律研究[J].电化教育研究,2013,34(01):26-31+40.
[3] 赵海霞.网络环境下基于问题的协作知识建构设计与实践——以大学生"结构化学"课程教学改革为例[J].中国电化教育,2013(01):100-105.
[4] 赵海霞.翻转课堂环境下深度协作知识建构的策略研究[J].远程教育杂志,2015,33(03):11-18.
[5] 彭绍东.混合式协作学习中知识建构的三循环模型研究[J].中国电化教育,2015(09):39-47.
[6] 李海峰,王炜.面向问题解决的在线协作知识建构[J].电化教育研究,2018,39(01):36-41+67.

模型能够显著提高学生的问题解决水平,以及共同体的知识建构水平。

(二)在线协作学习的影响因素

从已有研究来看,在线协作学习的影响因素大致表现在三个方面:学的层面、教的层面和技术层面。

1. 学的层面

协作知识建构需要所有学习者积极参与其中,才能实现高质量的交互,达到更好的效果。Cacciamania 等人发现,学习者高水平的投入、教师的支持,以及学习者的元认知反思,能够产生更好的学习效果[1]。Zhao 和 Chan 发现,学习者在知识论坛中的投入水平显著影响共同体的学术表现。同时,他们的研究还表明小组的元认知和社会互动过程与小组和个人的学习效果呈正相关[2]。杨惠等人认为,当所有成员都积极参与,形成的网络密度越大时,协作知识建构水平越高;学习者之间的平等交互越多时,协作知识建构水平也越高[3]。

Hew 等人的研究则关注小组成员的数量(2—10 人)、讨论持续的时间(6—41 天)以及学生使用的促进策略(6 条策略)与协作知识建构水平之间的关系[4]。其中,从数量来看,小组成员数量越多,发帖的数量越多,协作知识建构也越容易达到较高水平。从策略来看,显著影响协作知识建构水平的促进策略主要有 4 条,分别是:提出自己的观点、对他人的观点表示欣赏、鼓励他人对自己的观点提出建议、对论坛中已有的观点进行总结。而与以往观点不同的是,研究认为讨论持续时间太长并不会带来高水平的知识建构。此外,学习者的参与和投入还与学习者对协作知识建构的感知理解密切相关。

---

[1] Cacciamani S, Cesarenib D, Martinib F, et al. Influence of participation, facilitator styles, and meta-cognitive reflection on knowledge building in online university courses[J]. Computers & Education, 2012, 58(3):874-884.

[2] Zhao K, Chan C K K. Fostering collective and individual learning through knowledge building[J]. International Journal of Computer-Supported Collaborative Learning, 2014, 9(01):63-95.

[3] 杨惠,等. CSCL 中学习者人际交往对高水平知识建构的影响[J]. 开放教育研究,2009,15(01):81-86.

[4] Hew K, Cheung W. Higher-level knowledge construction in asynchronous online discussions: An analysis of group size, duration of online discussion, and student facilitation techniques[J]. Instructional Science, 2011, 39(3):303-319.

还有研究从学习者的特征方面进行了探讨。Ioannou 等人的研究发现,学生意见领袖和最初发帖内容的质量显著影响协作知识建构的水平[1]。在王陆的研究中也得到了相似的结论,认为意见领袖处于社会网络关系的核心位置,更有可能达到更高水平的知识建构[2]。其可能的原因在于,高社会网络属性的学习者往往与更多的节点用户关联,能够获取更多的信息,并发现其中的联系,因而更容易达到高水平的知识建构[3]。De Wever 等人对不同角色与知识建构水平的关系做了更为细致的研究,其中,主持者(Moderator)、理论者(Theoretician)、总结者(Summariser)的观点和贡献对知识建构具有重要意义。研究表明,角色分配策略能够有效地提高在线讨论中学生的知识建构水平,即便没有担任角色的成员也能够在知识建构过程中受益[4]。

2. 教的层面

从教的层面来看,教师需要为学习者设计适合讨论的主题或问题,否则难以激发学习者的参与兴趣。例如,Wang 等人的研究发现学习共同体的知识建构的水平处于较低层次,深层次的讨论几乎没有发生,其主要原因在于讨论的主题并不适合所有的小组,它仅仅是教师感兴趣,但并没有激发学习者的兴趣[5]。此外,教师的引导和干预也会影响协作知识建构的顺利开展。教师积极参与到协作知识建构活动中,组织安排教学活动,进行任务分工,以及为学生提供情感支持,能够提高共同体的知识建构水平[6]。学习者对有教师参与的在线讨论更感

---

[1] Ioannou A, Demetriou S, Mama M. Exploring Factors Influencing Collaborative Knowledge Construction in Online Discussions: Student Facilitation and Quality of Initial Postings[J]. American Journal of Distance Education, 2014, 28(3):183-195.
[2] 王陆. 虚拟学习社区社会网络位置与知识建构的关系研究[J]. 中国电化教育,2010(08):18-23.
[3] 徐刘杰,陈世灯. 学习者知识建构的社会认知网络[J]. 开放教育研究,2017,23(05):102-112.
[4] De Wever B, Keer H V, Schellens T, et al. Roles as a structuring tool in online discussion groups: The differential impact of different roles on social knowledge construction.[J]. Computers in Human Behavior, 2010, 26(4):516-523.
[5] Wang Q, Woo H L, Zhao J. Investigating critical thinking and knowledge construction in an interactive learning environment[J]. Interactive Learning Environments, 2009, 17(1):95-104.
[6] 姜齐,张振虹,黄荣怀. 在线协作学习中教师交互言语特征分析——以《e-Learning 导论》在线课程为案例[J]. 中国电化教育,2008(04):35-38.

兴趣,教师作为共同体成员参与其中对协作知识建构有促进作用[1]。杨惠等人的研究也支持这一观点,他们发现在线论坛中教师发帖的数量、主题回复的数量、深度问题及帖子的数量等,对协作知识建构产生了显著的积极影响[2]。

但也有研究得出了相反的结论,认为教师的参与对协作知识建构具有消极影响。当教师参与异步在线论坛的讨论时,15个学生中有11个学生的发帖数量明显减少[3]。考虑到观点的分歧,Parks-Stamm等人做了进一步的研究,结果表明,班级大小和教师参与度都影响着学生的发帖数量。班级人数在15—30人时,教师的参与不会显著影响学生的发帖数量;而班级人数在15人以下时,教师发帖数量越多,参与度越高,相应地,学生发帖的数量也越多[4]。

3. 技术层面

无论是最初的计算机支持的有意义学习环境,还是知识论坛,协作知识建构发生的情境往往需要技术或平台的支持。Scardamalia提出了设计技术支持的基本原则:对象化(objectifications),技术应该支持学生把头脑中的知识转化为对象或目标;发展(progress),技术要能够支持共同体知识向前发展;综合化(synthesis),技术应支持共同体中的知识形成关联;结果(consequence),技术要支持知识建构过程以某种方式呈现;贡献(contribution),技术要支持共同体成员的观点被他人访问和获取;交叉供给(cross-fertilization),技术要支持不同观点之间的相互联系和支撑;社会化(sociality),技术应促进学习者之间的社会化互动,从而发展共同体知识[5]。这些基本原则能够帮助师生选择恰当的交流工具,也可以

---

[1] Hung M L, Chou C. Students' perceptions of instructors' roles in blended and online learning environments: A comparative study[J]. Computers & Education, 2015, 81(2):315-325.

[2] 杨惠,等. CSCL中教师的教学组织行为对学习者高水平知识建构的影响研究[J]. 中国电化教育,2009(01):64-68.

[3] Park J B H, Schallert D L, Sanders A J Z, et al. Does it matter if the teacher is there? A teacher's contribution to emerging patterns of interactions in online classroom discussions[J]. Computers & Education, 2015,82(3):315-328.

[4] Parks-Stamm E J, Zafonte M, Palenque S M. The effects of instructor participation and class size on student participation in an online class discussion forum[J]. British Journal of Educational Technology, 2017, 48(6):1250-1259.

[5] Scardamalia M, Bereiter C. An architecture for collaborative knowledge building[M]// Computer-Based Learning Environments and Problem Solving. Springer Berlin Heidelberg,1992:41-66.

用于指导设计开发在线协作平台。

Hou 等人关注不同平台的支持作用,比较分析了在线论坛和 Facebook 支持下协作知识建构的效果[1]。作者对学习者的行为以及认知模式进行了分析,结果表明,与在线论坛相比,Facebook 能够更好地促进学习者之间的互动和交流,学习者随时随地可以进行观点的交互,且应用十分便利。但作为社交媒介,学习者在其中存在着更多离题的讨论,高水平的知识建构行为较少出现。因此,Facebook 支持下的协作知识建构需要提高学习者的学习投入,可以通过适当地增加教师的引导来减少离题的讨论,以此改善共同体的协作知识建构过程。此外,在同类研究中,还存在相反的观点,认为社交媒介对协作知识建构有不利的影响。Sun 等人对 Moodle 平台和微信平台支持下的协作知识建构的效果进行了比较和分析,得出 Moodle 平台具有更好的效果[2]。

(三)在线协作学习的评价研究

在当前的研究中,评价往往扮演学习分析的角色,仅仅作为相关研究的一部分得以呈现,包括对在线协作学习的交互分析、内容分析,以及过程分析[3]。由于人们对在线协作学习尚未有足够的理解,因而需要通过这种多维度的描述性分析来确定一些可能存在的影响因素,以及因素之间的关系。例如,研究表明,在线协作当中存在多种类型的交互,其中最为重要的包括学生与内容互动、学生与教师互动、学生与学生互动[4]。透过学习分析的视角,教师或研究者对在线协作学习的了解越来越深入。与此同时,也呈现出了当前研究有待发展之处。当前的在线协作学习评价主要表现出以下三个特点:评价由教师设计和实施,评价

---

[1] Hou H T, Wang S M, Lin P Ch, et al. Exploring the learner's knowledge construction and cognitive patterns of different asynchronous platforms: comparison of an online discussion forum and Facebook[J]. Innovations in Education & Teaching International, 2015, 52(6):610-620.

[2] Sun Z, Liu R, Luo L, et al. Exploring collaborative learning effect in blended learning environments [J]. Journal of Computer Assisted Learning, 2017, 33:575-587.

[3] 李海峰,王炜.计算机支持的协作学习研究热点与趋势演进——基于专业期刊文献的知识图谱可视化分析[J].现代远距离教育,2019(01):67-76.

[4] Anderson T D, Garrison D R. Learning in a networked world[M]// Gibson C G (Ed.), Distance learners in higher education: Institutional responses for quality outcomes, Madison, WI: Atwood, 1998:97-112.

时间存在滞后性,评价侧重认知成就。

从评价的主体来看,尽管在线协作学习评价的研究已经开展了许多年,但常见的评价仍然是依赖于教师来设计和实施[1]。而在线协作学习过程中的重要角色——学生,却很少参与其中的评价。已有研究指出,学生能够,也应该参与学习的评价[2]。并且,学生参与评价还能够发挥更好的促进作用。通过参与在线协作学习的评价,学生不仅能够清楚地了解评价的标准,还可以反思自己在学习过程中的表现,从而有意识地进行自我调节,达到更好的学习效果。例如,杨玉芹把反思性评价融入协作知识建构的过程中,要求学习者对自己的学习进行持续的反思,从而改善了学习者的学习过程,提高了知识创新能力[3]。

从评价的时间来看,大部分在线协作学习的研究和评价实施都发生于整个协作学习活动结束之后。Gress 等人对 186 项 CSCL 的研究进行了分析,结果表明,超过半数的评价发生于在线协作学习之后,而过程中的评价只占三分之一,协作学习之前进行的评价则更少,只占 13.82%。[4] 从中可以看出,在线协作学习倾向于总结性评价。这也就意味着研究更多的是依据最后的结果来判断学习者取得的成就,而不是根据协作学习的过程来帮助学习者获得可能的发展。那么,对于学习者而言,其实很难去发现协作学习中遇到的问题,尤其是不能很好地去解决这些问题,最终学习的效果也将大打折扣。

相应地,Gress 等人的研究也指出,总结性的评价更加关注学习者的认知成就,例如测试分数,而对社会成就(social outcomes)方面的关注却并不多。同时,Jeong 和 Davidson-Shivers 对 CSCL 文献的元分析也表明,超过半数的研究将知

---

[1] Strijbos J W. Assessment of (Computer-Supported) collaborative learning[J]. IEEE Transactions on Learning Technologies, 2011, 4(1):59-73.

[2] Aalst J V, Chan C K K. Student-Directed Assessment of Knowledge Building Using Electronic Portfolios[J]. Journal of the Learning Sciences, 2007, 16(2):175-220.

[3] 杨玉芹. 反思性评价在协同知识创新能力培养中的应用研究[J]. 中国电化教育,2018(01):42-49.

[4] Gress C L Z, Fior M, Hadwin A F, et al. Measurement and assessment in computer-supported collaborative learning[J]. Computers in Human Behavior, 2010, 26(5):806-814.

识获取作为协作学习的结果①。但值得注意的是,在线协作学习的主要目的是促进学习共同体的知识建构,而不仅仅是提高学习者的学业成绩。在线协作学习与社会性学习密切联系,其指向并非只有认知层面②。正如 Slavin 所言,在线协作学习过程中至少有三个互为补充的层面值得关注,即动机(motivational)、社会(social)、认知(cognitive)③。尤其在社会层面,诸如协作互动、有效交流、问题解决等高阶能力的培养,更是在线协作学习旨在达到的重要目标。

(四)问题提出

综上所述,合理有效的评价方案仍然是在线协作学习的现实诉求,直接影响到在线协作学习的效果。而从当前的研究来看,如何评价在线协作学习还没有找到很好的解决方案,这也成为本书可能的突破口。为此,本书试图回答以下四个方面的问题,以解决当前的困境。

第一,在线协作学习要达到怎样的学习目标?

这一问题的目的在于给在线协作学习的评价提供方向,找出评价的出发点和落脚点。本书通过对文献的梳理和回顾,分析在线协作学习的发展历程,并对知识建构与在线协作学习的逻辑关系进行论述,剖析在线协作学习所要达到的效果。

第二,在线协作学习评价的理论框架如何构建?

这一问题的回应有助于厘清在线协作学习评价的总体思路,从理论层面上找出评价的核心要素。理论框架的目的也就在于明确这些核心要素,为后续评价工具的设计、评价方案的实施提供依据。

---

① Jeong A, Davidson-Shivers G V. The Effects of Gender Interaction Patterns on Student Participation in Computer-Supported Collaborative Argumentation[J]. Educational Technology, Research and Development, 2006, 54(6):543-568.
② 郁晓华,祝智庭. CSCL 应用的新研究[J]. 中国电化教育,2009(05):25-31.
③ Slavin, Robert E. Research on cooperative learning and achievement: what we know, what we need to know[J]. Contemporary Educational Psychology, 1996, 21(1):43-69.

第三,在线协作学习的评价工具如何设计?

这一部分主要解决在线协作学习评价内容的问题,探讨具体从哪些维度和指标展开评价。首先,通过文献分析从理论层面初步设置评价指标;其次,采用德尔菲法对其进行筛选和检验;最后,进一步采用层次分析法判断指标的重要性,对各级维度和指标进行权重的计算。通过多轮专家咨询,不断地修改和完善指标,从而建立评价指标体系,开发在线协作学习的评价工具。

第四,在线协作学习的评价过程如何实施?

这一部分的内容主要是呈现评价的实施过程,验证评价工具的有效性。一方面,利用研究开发的工具或量表实施评价,揭示在线协作学习过程中存在的问题,并通过评价反馈的信息,改善在线协作学习的效果;另一方面,结合评价的实施过程,对评价指标体系适用性和有效性进行检验。

四、研究目的与意义

(一)研究目的

已有大量的研究从策略和方法层面关注如何设计和开展在线协作学习,从而改善学习的效果。但仍然需要明确在线协作学习究竟要达成怎样的学习目的,并且明确成功的在线协作学习所依赖的关键要素。为此,本书主要包括两方面的研究目的:第一,设计在线协作学习评价指标体系,并在实践中检验;第二,提高知识建构水平,主要是通过实施评价来促进教与学。

(二)研究意义

理论意义:本研究的理论意义主要在于丰富和深化在线协作学习的研究。本研究从评价的视角切入,对在线协作学习所要实现的目标进行分析,找出影响学习目标达成的核心要素,并解构出关键的评价指标,为帮助理解在线协作学习的过程提供新的视角,即探讨在线协作学习如何设计和开展学习活动,引导师生参与交流和互动,从而实现高水平的知识建构。同时,设计和开发在线协作学习的评价工具,为分析和解决在线协作学习过程中存在的问题提供参考。

实践意义:本研究的实践意义主要在于为教学设计、实施、评价和干预提供支持,以此来改善在线协作学习的效果。本研究从评价的视角切入,帮助师生更好地理解在线协作学习,引导和支持有效的协作互动过程。同时,师生共同参与评价过程,加深其对复杂过程的理解,并更好地发现其中存在的问题,从而有针对性地进行干预和改进,为开展在线协作学习活动提供参考。

五、研究思路与方法

(一)研究思路

本研究旨在设计开发有效的在线协作学习评价指标体系,主要包括三个部分:理论研究、调查研究、应用研究。如图 1-3 所示。

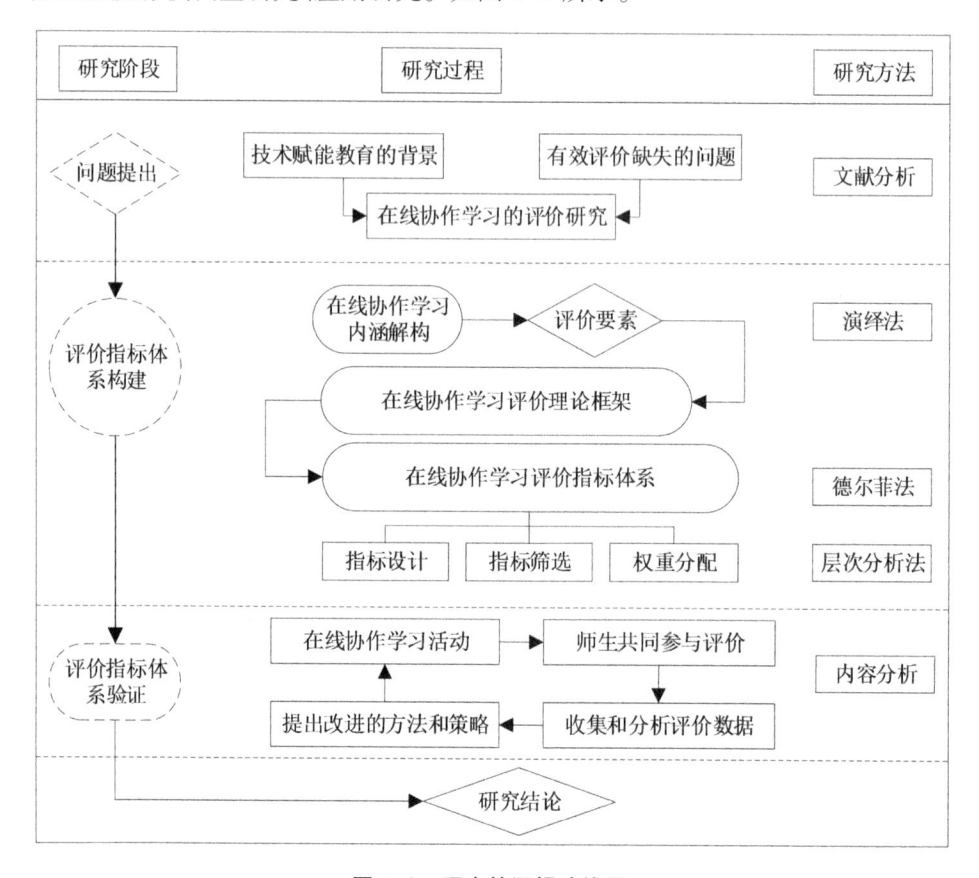

图 1-3 研究的逻辑路线图

(二)研究方法

1. 文献研究

本研究主要对近十年的中英文文献进行考察分析,从而了解当前的研究现状。在此基础上,追溯以往的研究,并且扩展文献载体范围,进一步考察相关的博硕论文、论著、网络资源等,为后续研究提供理论、方法和观点的支撑。具体而言,主要从外部特征和内部特征两个维度进行系统研究。外部特征,主要指研究的文献数量、代表人物、核心期刊、重要文献和高频主题词,呈现研究领域的全景和概况。内部特征,主要指研究中涉及的研究方法、理论基础、重要观点及研究成果,呈现研究问题的进展和可能的突破点。

2. 调查研究

本研究主要采用德尔菲法和层次分析法开展调查研究。通常来说,德尔菲法采用目的抽样来选择样本专家,从而确保调查对象具备相关的知识和研究经验[①]。这也就意味着统计意义上的代表性并不是样本选择的必要条件,更为重要的是参与专家的权威性,即在该研究领域占据重要地位。因此,本研究对专家小组的选择标准主要包括:(1)近年来发表有关在线协作学习文献数量较多的研究者;(2)在线协作学习研究领域中具有重要影响力的研究者。最终,至少符合标准之一的研究者或教师才被纳入专家小组,参与多轮的专家咨询过程。在确定指标阶段,由专家小组判断指标设置合理与否,根据专家意见进行多轮调整,从而修订评价指标。在权重计算阶段,采用层次分析法处理收集的数据,对选取的评价指标进行两两比较,得到评价指标的权重,最终形成完整的在线协作学习评价指标体系。

3. 实证研究

本研究不仅关注评价指标体系的适用性,还关注有效性。具体而言,依据一定的理论和原则,设计实施在线协作学习活动。在这个过程中,借助研究所开发的评价工具实施评价,反映在线协作学习中存在的问题,以此来判断评价指标体

---

① Akins R B, Tolson H, Cole B. Stability of response characteristics of a Delphi panel: Application of bootstrap data expansion[J]. BioMed Central Medical Research Methodology, 2005, 5(1):1-12.

系是否能够用于在线协作学习的评价,验证其适用性。即一方面帮助呈现在线协作学习过程中的问题,并反馈评价信息,实现问题解决;另一方面,采用内容分析法,对在线交流产生的文本内容进行编码分析,揭示在线协作的过程,及所达到的协作知识建构水平,以此来佐证评价指标体系对在线协作学习的表征程度,验证其有效性。

第二章

在线协作学习评价的多维审视

在线协作学习的评价应服务于学习目标的达成,即实现高水平的知识建构。本章内容主要通过对不同评价工具进行分析和阐述,为构建在线协作学习评价的理论框架提供借鉴。本研究主要选取协作学习领域和知识建构领域中的相关文献,对其中的典型评价工具和方法进行分析,阐述当前关于在线协作学习评价的观测视角,并得出有益的启示。

一、文献选取的确定

在文献的选取方面,主要集中在两个研究领域:其一是协作学习评价的相关文献,其二是知识建构评价的相关文献。之所以如此,主要有以下三方面的考虑:

第一,从本质上来说,在线协作学习仍然是协作学习,只是学习环境发生了变化,从一般的协作转向了在线的协作。因此,以往关于协作学习评价和分析的文献适合作为本研究的文献来源。

第二,在线协作学习的主要目的在于实现高水平知识建构。通过对已有文献的梳理发现,知识建构这一术语可以认为是学习的结果,也可以看成是学习的过程。因此,选取知识建构评价的相关文献十分必要。但有关知识建构评价的文献主要关注协作知识建构的评价和分析,而关注个体知识建构的文献,并不是本研究关注的重点,因而未做过多的考虑。

第三,协作学习和知识建构紧密相关,学习者之间的协作是知识建构的主要过程,知识建构是协作的重要目的。协作知识建构评价文献中的大部分框架也能够用于评价协作学习,研究中实际上也是如此运用的,即便它们没有直接说明。因此,对这两个领域文献的划分并不是为了强调二者之间的区别,而是为了更好地论述已有的观点。

除此之外,在线学习社区、虚拟学习社区等方面的研究也有对学习者的在线交流和互动进行关注,相关的评价也能够为本研究提供借鉴。

二、协作学习领域的评价框架

协作学习具有独特的过程,其中不仅包括个人的自主学习,还包括人与人之间的社会互动。并且,自主学习和社会互动之间还存在着相互作用,最终影响协作学习的效果。这种过程的复杂性,导致了协作学习评价的困难。

(一)协作学习评价的取向

协作学习的评价存在两种不同的取向,即关注个人水平和关注小组水平[1]。一直以来,研究者们都围绕这一问题展开争论。关注个人水平更多反映的是获得隐喻,认为应注重学习者个体在协作过程中的收获,例如,学习者个人的考试分数或成绩。关注小组水平更多反映的是参与隐喻,认为应注重集体在协作过程中的提升,例如,项目的完成水平、小组的成果。由此,反映出的是对个人知识建构和社会知识建构的不同关注。但不管哪种取向,学习的评价大致扮演两种角色:测量学习和促进学习[2]。测量学习关注学习结果,指的是判断学习者在学习过程中掌握了哪些内容,以及是否达到了课程教学的目标,并以此决定后续的教学计划和安排[3]。促进学习则嵌入在学习的全过程中,强调随时关注学习者

---

[1] 刘黄玲子,黄荣怀.协作学习评价方法[J].现代教育技术,2002(01):24-29+76.

[2] Shepard L E. The role of assessment in a learning culture[J]. Educational Researcher, 2000,29(7): 1-14.

[3] Earl L, Katz S. Rethinking Classroom Assessment with Purpose in Mind[M]. Manitoba Education, Citizenship and Youth,2006:55-63.

的学习状态,如学习者知道什么、能做什么、存在什么困惑以及需要什么帮助,通过反复地了解这些内容,设计学习支架,为学习者提供帮助,从而不断地推动学习向前进行①。事实上,这反映的是对学习结果和学习过程的不同关注。详见表2-1。

表2-1 协作学习评价的关注点

	个人水平	小组水平
结果	考试成绩	作品质量
过程	个人贡献	社会互动

在实际操作中,评价协作学习仍然是一项复杂的工作。为了分析这样的小组学习结构,还可以采用同伴互评的方式对小组互动的情况进行评价。这一过程由教师制定评价标准,然后学习者参照标准对同伴进行评价。但也正是由于这样的评价实施过程,给同伴互评带来了信效度的问题。不过,有研究表明,同伴互评是可靠和可信的评价方式②。并且,采用同伴互评的方式对学习具有促进作用③。

而且,同伴互评的方式也能够用于评价个人贡献。例如,在张义兵等人的研究中,学生被要求扮演教师的角色,对同伴在线写作的内容进行评价,通过口头或书面的形式,互相评价彼此的作文内容,以此实现作文水平的提升④。也有研究者对同伴互评的话语类别和评语采纳之间的关系做了进一步研究,结果发现,认知类的评语普遍容易被他人采纳⑤。除此之外,学习者还可以通过自评的方式对个人的学习过程进行评价。通过自我评价,学习者不仅能够反思自己的学

---

① Earl L, Katz S. Rethinking Classroom Assessment with Purpose in Mind[M]. Manitoba Education, Citizenship and Youth, 2006:29-40.

② Topping K. Peer assessment between students in colleges and universities[J]. Review of Educational Research, 1998,68(3):249-276.

③ Lu J, Law N. Online peer assessment: effects of cognitive and affective feedback[J]. Instructional Science, 2012,40(2):257-275.

④ 张义兵,孙俊梅,木塔里甫. 基于知识建构的同伴互评教学实践研究[J]. 电化教育研究,2018,39(07):108-113.

⑤ 马志强,等. 网络同伴互评中反馈评语的类型与效果分析[J]. 电化教育研究,2016,37(01):66-71.

习结果和过程,还能够清楚地了解评价的标准,以及自身在协作学习过程中的表现,从而有意识地进行自我调节,取得更好的成绩。例如,学习者可以借助电子档案袋进行自我评价,记录个人的发展过程,并反映出个人对集体所做的贡献[1]。不过,马志强等人指出,为了更好地评价在线协作学习中个体的贡献度,应结合自评和互评的方式,并设计了评价的原则和具体策略,以此来促进学习的效果[2]。

(二)量表评价框架

在对学习活动或表现进行评价时,量表被认为是一种有效的工具[3]。在相关的评价量表中,较为典型的有钟志贤和曹东云设计开发的网络协作学习评价量表[4]。该工具由两部分组成:小组绩效评价和个人绩效评价。详见表2-2。个人水平和小组水平都分别包括形成性评价和总结性评价,但总结性评价主要关注学习结果,并没有具体维度的划分,需要根据实际的学习任务灵活运用。在有关形成性评价部分,则进行了详细的划分,以下作进一步的论述。

表2-2 小组和个人绩效评价指标

	一级指标	二级指标
小组绩效评价	一般特征	归属感、信任感、互惠感、分享感
	过程特征	目标管理、成员管理、任务管理、时间管理
	小组学习成果	完成分配任务,达到学习目标,取得学习成果

---

[1] 金慧,张建伟,孙燕青.基于网络的知识建构共同体:对集体知识发展与个体知识增长的互进关系的考察[J].中国电化教育,2014(04):56-62.

[2] 马志强,闫雪静,张红英.网络协作学习个体贡献度评价的设计与应用[J].现代教育技术,2018,28(10):87-93.

[3] Conrad R M, Donaldson A. Engaging the Online Learner: Activities and Resources for Creative Instruction[M]. San Francisco, CA: Jossey-Bass,2004:26.

[4] 钟志贤,曹东云.网络协作学习评价量规的开发[J].中国电化教育,2004(12):49-52.

续表

	一级指标	二级指标
个人绩效评价	动机	意识、态度
	知识	社会知识、任务知识、概念知识、工作空间知识
	能力	人际交互技能、人机交互技能、交互质量、评估能力、职责履行
	个人学习成果	完成分配任务,达到学习目标,取得学习成果

在小组绩效评价方面,主要关注协作学习的一般特征和过程特征,以及最终小组的整体任务表现。其中,一般特征指的是个体对学习共同体的感知,尤其强调了协作学习的氛围所带来的情感层面的体验。二级指标中列举的归属感、信任感、互惠感和分享感,反映的是有效学习共同体所需具备的要素[①]。每一个参与协作的学习者都应该感到自己归属于共同体,认可和尊重他人,并对共同学习的状态感到满意。同时,在协作讨论过程中,要彼此信任,自由地表达观点,也为他人提供有效的建议,从而实现分享、讨论和进步。当然,这些主要还是从情绪、情感层面所作的要求,意在让每个学习者都能够有积极的感知。过程特征则对社会互动的具体行为表现方面进行了界定,包括目标管理、成员管理、任务管理、时间管理,描述的是共同体如何才能实现理想的学习效果。具体来说,需要明确学习的任务和目标,并协商各自的责任和义务,让每个学习者都积极地参与其中。同时,根据任务进度和学习状态,不断地做出调整,保证小组协作顺利进行。

在个人绩效评价方面,主要关注动机、知识和能力方面的准备和投入,以及最终的个人收获。事实上,这里强调的是个人参与协作的意愿和能力。动机维度中包括意识和态度两个方面,描述的是学习者是否愿意与他人一起学习,学习者对协作学习是否有正确的认知。一些研究也对这一问题进行了关注,突出学习者对协作学习感知的重要性[②]。例如,学习者认为学习只是个人的事情,那么他几乎不会参与协作;又或者当他相信协作仅仅是分享信息时,那么协作也很难

---

① 钟志贤. 面向知识时代的教学设计框架[D]. 上海:华东师范大学,2004.
② Chan C K K, Chan Y Y. Students' views of collaboration and online participation in Knowledge Forum [J]. Computers & Education, 2011, 57(1):1445-1457.

取得应有的效果。当然,在学习者具备参与协作的意愿后,还需具备一定的知识基础和能力基础,才能更好地与他人进行交流和互动。在该框架中,对知识和能力方面做了更为细致的划分和描述,包括社会知识、任务知识、概念知识、工作空间知识,以及人际交互技能、人机交互技能、交互质量、评估能力、职责履行。其背后主要表达了四层含义:个体自身需要具备基础的知识和能力,对学习任务能够有一定的理解,从而分享自己的观点;要能够了解彼此之间观点的差异,从而更好地进行讨论,为他人提供建设性意见;要能够判断他人的学习状态,以及协作互动的进展情况,进行及时的调整;要能够使用技术来获取信息、分享观点,从而支持和促进协作学习。

整体而言,该框架的重心放在了对协作过程的关注上。个人水平涉及学习者是否具有参与协作的意愿,协作过程中是否表现出相应的知识和能力;小组水平涉及协作过程中所感知到的情感体验,以及在协作过程中的共同努力。通过这些具体指标对协作的过程进行评价,帮助学习者了解自身和他人的学习状况,以此激励每个学习者积极参与社会互动,从而有效地促进协作学习。

在评价实施方面,该框架只是对评价标准做了描述,例如动机、认知、情感和社会等,但并未对这些不同领域指标的重要性做区分,只提出可以根据实际情况进行调整,灵活运用以适应具体情境。也有研究对不同指标进行了权重的分配,但其侧重点主要在个人水平。例如,学习者分享自己观点或者提出问题的权重为51%,有效回应他人观点的权重为26.38%,自我反思和个人总结的权重为12.96%,提供有效学习资源的权重为6.36%,参与讨论的次数3.29%[1]。尽管这些指标是从个人水平出发做的描述,但仍然可以看出,关注重点在于学习者的行为能否促进有效的社会互动。

(三)互动分析框架

一直以来,社会互动被认为是协作学习的核心部分,相当一部分的研究关注协作过程的社会互动,并从互动分析的角度帮助理解协作过程。事实上,在大多

---

[1] 田华,魏登峰,孟琦.网络协作学习评价指标体系的开发与实践[J].电化教育研究,2010(07):73-76+81.

数的研究中,评价也是从互动的角度展开的。例如,郑娅峰等人提出了一个KBS模型,用于刻画协作学习的过程,试图采用学习分析技术来帮助理解计算机支持的协作学习[1]。KBS模型重点关注互动的内容、互动的参与者,以及互动的结构。并且,该模型从个人水平、小组水平和社区水平进行分析,从而全面地了解协作学习中的互动情况。

为了能够更加有效地了解协作过程中的互动情况,常常采用社会网络分析法(Social Network Analysis,SNA)对社会互动的关系和结构进行分析。例如,Zhu采用社会网络分析来理解学习者之间的社会互动模式,从而帮助理解参与者之间的互动关系[2]。其中,社会网络通常由两部分组成:节点,以及节点之间的连线[3]。在协作学习的互动分析网络中,节点代表学习者(或教师),连线则代表学习者(师生)之间的互动关系,节点和连线共同形成独特的社会网络结构。尽管在社会网络分析中并没有涉及具体的评价框架,但透过该方法本身的功能和属性,同样能够了解互动分析中所关注的维度或指标,为本研究提供借鉴。

在互动分析中,主要还是从个人水平和小组水平对三个方面进行关注:互动的参与者、互动的结构和互动的内容。互动的参与者集中在学习者的参与情况,包括个人参与的积极性,例如学习者发言的次数;以及小组参与的全面性,例如小组中的学习者是否全部参与了互动。互动结构主要包括小组成员之间的社交关系、互动频率等情况。当然,对于互动内容的分析虽然有所涉及,但相对而言关注还是较少。大部分互动分析的研究还是聚焦于可量化的变量,通过这些变量的分析来帮助理解协作学习。不过,互动内容的分析在协作知识建构的评价中呈现较多,在后续相关框架的分析中将进行论述。

通过对上述评价框架的分析,可以归纳出协作学习领域评价的一些特点。

第一,协作学习评价的分析单元包括个人水平和小组水平。个人水平主要

---

[1] 郑娅峰,徐唱,李艳燕.计算机支持的协作学习分析模型及可视化研究[J].电化教育研究,2017,38(04):47-52.

[2] Zhu E. Interaction and cognitive engagement: An analysis of four asynchronous online discussions[J]. Instructional Science, 2006, 34(6):451-480.

[3] Borgatti S P, Mehra A, Brass D J, et al. Network Analysis in the Social Sciences[J]. Science, 2009, 323(5916):892-895.

强调个人知识建构,小组水平则强调社会知识建构。之所以存在两种不同的分析取向,是由于早期协作学习效果的不明确。因此,必须分别对二者进行评价,以确保协作的方式能够真正地促进学习。

第二,协作学习评价的重点发生了偏移。协作学习的最初目的在于改善学习效果,因而对学习成绩、测验分数、作品质量等方面关注较多。而发展到现在,慢慢从总结性评价转向了形成性评价。即便是对学习结果和学习过程都进行强调,但学习过程所占的权重越来越大。同时,在相关的评价框架中也可以发现,认知领域仍然是协作学习评价所重视的一部分,但关注点开始慢慢转向动机、社会-情感领域。

第三,协作学习评价的方式呈现多元化的特点。传统的纸笔测验更适合认知领域的评价,但在参与和互动方面表现出了一定的局限性,需要引入新的方法。因此,出现了量表评价、互动分析等方法,以此来帮助理解协作的过程。相应地,评价的主体也发生了变化,它不单单局限于教师或研究者对学习效果进行评分,也可以由学习者对协作过程进行评价。

三、知识建构领域的评价框架

在教育领域中,不同的学习者借助在线平台进行交流和讨论、分享、比较观点,实现协作知识建构。当大量学习者参与论坛的交流和讨论时,有效地理解这一学习过程变得极为重要。同时,如前所述,本研究更为侧重协作知识建构的评价框架,而对强调个人知识建构的评价框架并未做过多关注。

(一)知识建构评价的概况

知识建构的评价同样是复杂的过程,在线论坛分析的先驱者们主要聚焦于研究易于量化的变量,例如参与度、互动,以及参与者自我评价学习的成功与否[1]。在许多研究中,知识建构的分析和评价往往通过参与度指标来进行,例如

---

[1] Harasim L. Teaching and learning on-line: issues in computer-mediated graduate courses[J]. Canadian Journal of Educational Communication, 1987, 16(2):117-135.

发帖的数量、浏览帖子的数量、回帖的数量以及修改帖子的数量[1]。这样的分析和评价背后存在一种预设,即参与频次直接与知识建构水平相关。上述参与度指标不仅能够帮助理解协作知识建构,还能够让学习者进行更多的反思学习,从而实现在协作过程中进行深度探究[2]。

Henri认为,单纯的参与度分析还远远不够,互动的质量也同样重要[3]。因此,知识建构的分析和评价不应局限于测量外显变量,还应该注重潜在变量。外显变量指的是易于观察和测量的变量,潜在变量指的是相对模糊和暗含的变量。在Henri提出的分析框架中,主要包含五个维度:参与维度、社会维度、互动维度、认知维度和元认知维度。如此,不仅可以分析量化的外显内容,例如,参与的人数和帖子的数量,而且可以分析潜在内容,例如,认知和元认知。这促使其成了内容分析研究领域中的里程碑,后续的研究也大多基于该框架进行发展和应用。

然而,Henri把交互解释为机械的和描述性的,过分地强调参与和互动的数量方面,却没有解释学习者如何进行交互,难以反映知识建构的本质[4]。为了弥补量化指标用于评判互动质量的缺陷,研究者们开始尝试采用扎根理论的方法,对知识建构过程中产生的数据进行理解和分类,形成能够反映互动过程的分析编码表[5]。古纳瓦德娜(Gunawardena)的IAM(Interaction Analysis Model)模型是最早的分析框架之一,该框架把知识建构分为5个层次,分别是分享和比较信息、发现和解释不一致的观点、意义协商和共同建构知识、测试和修正假设、应用

---

[1] Joubert M, Wishart J. Participatory practices: Lessons learnt from two initiatives using online digital technologies to build knowledge[J]. Computers and Education, 2012, 59(1):110-119.
[2] Hong H Y, Scardamalia M. Community knowledge assessment in a knowledge building environment [J]. Computers & Education, 2014, 71(2):279-288.
[3] Henri, F. Computer conferencing and content analysis[M]//. In A. R. Kaye (Ed.), Collaborative learning through computer conferencing. Berlin: Springer-Verlag, 1992: 117-136.
[4] De Wever B, Schellens T, Valcke M, Van Keer H. Content analysis schemes to analyze transcripts of online asynchronous discussion groups: A review[J]. Computers & Education, 2006, 46(1):6-28.
[5] Biasutti M. A coding scheme to analyse the online asynchronous discussion forums of university students [J]. Technology, Pedagogy and Education, 2017, 26(5):601-615.

新的知识[1]。尽管该模型在最初开发的过程中存在着一些信效度的问题,但这并不影响它为该领域研究所作出的重要贡献,且被广泛地应用于相关的研究[2]。

于是乎,对于大部分的研究来说,其背后都存在这样一种假设,即参与和互动显著影响协作知识建构的水平。为此,相关的分析框架主要关注学习过程中的参与和互动,以此来间接反映知识建构的水平。当然,其他一些维度在知识建构的分析和评价中也有提及,并且引发了研究者们更多的思考。

整体而言,知识建构评价的具体框架主要可以分为两类:内容分析框架和反思自评框架。内容分析框架侧重于总结性评价,常常发生在讨论结束之后,由教师或者研究者对讨论的内容进行分析和评价,从而确定知识建构所达到的水平。反思自评框架侧重于形成性评价,评价实施者和评价时间更为灵活,既可以由教师和研究者进行评价,也可以由学习者进行评价。其目的在于帮助探测出协作知识建构的动态变化过程,并且支持成员作出相应的改进举措,从而不断地提高知识建构的水平。以下结合具体的评价框架做详细论述。

(二)内容分析框架

在知识建构的研究中,常常采用内容分析法来帮助理解讨论的过程。这种分析需要借助一定的编码框架,把讨论的内容进行编码分类,并在此基础上做进一步的处理、分析和应用。例如,对不同编码类别的内容进行统计,从而判断学习者讨论的质量[3]。或者,对不同编码类别之间的关联进行分析,从而判断学习者讨论的模式和规律[4]。如前所述,最为典型的编码框架为 Gunawardena 的 IAM 分析框架。该框架把知识建构的水平划分为五个递进的层次,以此为依据对在

---

[1] Gunawardena C, Lowe C, Anderson T. Analysis of a global online debate and the development of an interaction analysis model for examining social construction of knowledge in computer conferencing[J]. Journal of Educational Computing Research, 1997, 17(4):397-431.

[2] De Wever B, Schellens T, Valcke M, Van Keer H. Content analysis schemes to analyze transcripts of online asynchronous discussion groups: A review[J]. Computers & Education, 2006, 46(1):6-28.

[3] 江毅,何晓萍,万昆.翻转课堂中协作学习的效果与策略研究[J].现代教育技术,2016,26(03):80-86.

[4] Yang X, Li J, Bei X. Behavioral patterns of knowledge construction in online cooperative translation activities[J]. The Internet & Higher Education, 2018,36(1):13-21.

线讨论的内容进行编码分析便能了解知识建构所达到的水平。详见表2-3。

表2-3 Gunawardena 的 IAM 分析框架①

层次	具体指标
分享和比较信息	A. 引用信息,或者陈述某种观点 B. 对他人的观点表示赞同的描述 C. 为他人的观点提供例子来进行支持 D. 询问他人详细的解释来帮助澄清或理解观点 E. 详细地说明、描述、明确讨论的问题
发现和解释不一致的观点	A. 表明反对的观点,或描述观点不一致的地方; B. 要求说明反对的理由,或者澄清观点差异的程度; C. 重新表明自己的观点或建议,并结合相关信息进行论证和支持
意义协商和共同建构知识	A. 澄清或者协商主题词的意义; B. 讨论各自观点,并协商观点的重要程度; C. 对相互冲突的观点进行求同存异; D. 提出新的陈述、建议,包含妥协的意味; E. 提出更加整合的观点
测试和修正假设	A. 验证参与者已经知道的事实; B. 验证先前的知识或概念; C. 验证先前的或最近的经验; D. 验证提供的资源; E. 验证书本中出现的冲突
应用新的知识	A. 总结或汇总参与者赞同的观点; B. 应用新的知识; C. 参与者陈述表明他们的理解经过深思熟虑

根据IAM分析框架,知识建构水平可以划分为五个层次,其中,"分享和比较信息""发现和解释不一致的观点"这两个层次通常被划分为较低水平的知识建构,而"意义协商和共同建构知识""测试和修正假设""应用新的知识"这三个层次则被认为是较高水平的知识建构。在前两个层次中,每个学习者更多关注

---

① Gunawardena C C, Anderson T L. Analysis of global online debate and the development of an interaction analysis model for examining social construction of knowledge in computer conferencing[J]. Journal of Educational Computing Research, 1997,17 (4):397-431.

的还是自己的观点,只是做了进一步的解释和说明。而只有达到后面三个层次时,学习者之间才开始出现深入的交流,逐渐地去理解或者接纳他人的观点,并且帮助他人完善观点,从而生成新知识。确切地说,低水平的知识建构更多反映的还是个人的知识建构,高水平的知识建构才逐渐呈现出社会知识建构。

在一些研究中,IAM 分析框架也被直接用于认知成就的分析和评价。例如,Hou 等人从学术成就、任务安排、社会互动、离题四个维度对在线协作讨论进行编码分析[1]。其中,学术成就关注的是讨论过程中有关认知方面的内容,二级指标也完全依照 IAM 分析框架中的五个层次进行划分和编码。任务安排主要指学习者围绕任务如何进行协商,例如,给出详细的任务安排,或者讨论有关任务安排的问题。社会互动则主要关注学习者围绕讨论的方式、讨论的内容,以及技术工具的支持等方面进行交流。离题则指的是学习者交流的内容与学习任务无关,例如闲聊。

知识建构是一种复杂的现象,单一的分析框架不足以反映它的全貌,应该采用多维度的分析框架来深刻理解复杂的在线讨论问题[2]。尽管 IAM 分析框架从五个层次来划分在线讨论的内容,但实际上它主要关注的是认知领域,并未涉及动机、情感、社会等其他领域。那么,在对知识建构进行分析和评价时,容易表现出一定的局限性。因此,温伯格(Weinberger)提出从四个维度对知识建构过程进行分析,包括参与维度、认知维度、论证维度、社会模式维度[3]。在甘永成的博士论文中,对这一问题还作了更为全面的考虑,并且提出了相关的一些维度和指标,能够更好地呈现知识建构的动态过程,帮助理解集体智慧的生成,见表2-4。

---

[1] Hou H T, Wu S Y. Analyzing the social knowledge construction behavioral patterns of an online synchronous collaborative discussion instructional activity using an instant messaging tool: A case study[J]. Computers and Education, 2011, 57(2):1459-1468.

[2] Chai, C S, Khine, M. S. An analysis of interaction and participation patterns in online community[J]. Educational Technology & Society, 2006, 9(1):250-261.

[3] Weinberger, A, Fischer, F. A framework to analyze argumentative knowledge construction in computer supported collaborative learning[J]. Computers & Education, 2006, 46(1):71-95.

表 2-4　知识建构五维度分析框架①

维度	评价指标		
发帖数量	总帖数、首帖数、跟帖数		
知识建构过程	提问、回复、澄清、解释、冲突、辩护、达成共识、评判、反思、支持、其他		
小组协作	学习环境、协作过程、学习评价方式		
社交互动与情感	正面情感、负面情感、中性情感		
教师的作用	教学设计	学习内容、问题任务、学习方法、学习资源	
	学习管理	学习计划、学习目标、学习进度、学习规则、学习行为	
	技术支持	为学习提供工具和软件等技术方面的支持	
	助学	社区向导、学习指导、学习评估、及时提供反馈、诊断错误、归纳总结	
	社交	增进小组凝聚力,提升社区归属感,进行表扬与鼓励,协调冲突、矛盾	

在甘永成提出的分析框架中,不仅有认知领域,还涉及社会、情感领域。当然,该框架的分析视角也更多。与 IAM 分析框架一样,它们都倾向于从小组水平进行分析,尤其是小组成员的参与情况和互动情况。与此同时,该框架还强调了环境支持、技术支持、教学支持等方面的内容。从这一点来看,该框架拓展了知识建构评价的范围,试图以更为全面的视角来进行分析,从而更好地帮助理解知识建构的过程。但令人遗憾的是,受限于当时相关研究的认识和进展,该框架中重点关注的依然是发帖和回帖的数量,以及帖子的内容。而其中提及的其他一些视角还停留在理念层面,并没有更加具体的实践应用。例如,教师支持方面,该框架仅仅是强调了这部分内容的重要性,但实际并没有详细说明如何进行分析和评价。整体而言,甘永成的五维度分析框架提供了一种导向,即需要从多维度的视角对知识建构进行分析和评价。总之,随着人们认识的深入,对知识建

---

① 甘永成. 虚拟学习社区中的知识建构和集体智慧研究——以知识管理与 e-Learning 结合的视角[D]. 上海:华东师范大学,2004.

构的理解也更加全面,相应的评价也需要更加立体化。

(三)反思自评框架

总结性评价往往存在时间上的滞后性,不利于及时发现和改进问题。因此,越来越多的观点认为,形成性评价能更好地促进高水平知识建构的实现。同时,评价实施主体也不再局限于教师或研究者。实际上,学习者更了解讨论的过程,他们应该并且有能力参与评价[①]。研究者开始设计反思自评框架,用于支持学习者参与评价。例如,杨玉芹采用反思性评价的方式,提升学习者的知识创新能力,促进其知识建构过程[②]。

通过反思自评框架,学习者可以进行实时的反思,从而使得协作过程更有利于知识建构。那么,反思自评框架需要遵循一定的规则或者标准。Scardamalia教授曾提出十二条原则,用于指导和促进高水平的知识建构,这也是迄今为止较为全面且有效的指导原则。依据这些原则,Law认为知识建构主要可以划分为四个维度,分别是:观点共享和开放探究、渐进式探究、社会-元认知驱动、共享的思维方式[③]。

陈斌则进一步提出知识建构层次变化框架,用于支持学习者进行自我评价,详见表2-5。其中,观点共享和开放探究主要强调的是学习者的参与方面,学习者应该分享自己的观点,共同承担起知识建构的责任。同时,每个学习者都有平等参与的权利,每一种合理的观点都能为知识建构作出贡献,理应得到彼此的尊重。渐进式探究主要强调讨论的过程,学习者要以能动者的身份参与其中,不断地提问、解释、质疑、回应,并且引用相关的资料和信息来支持论证的过程,从而使得讨论的内容更加丰富合理。社会-元认知驱动主要强调有效的协作需要元认知的投入,学习者应该联系真实的问题进行思考,并通过持续的反思来调节学

[①] Aalst J V, Chan C K K. Student-Directed Assessment of Knowledge Building Using Electronic Portfolios[J]. Journal of the Learning Sciences, 2007,16(2):175-220.

[②] 杨玉芹.反思性评价在协同知识创新能力培养中的应用研究[J].中国电化教育,2018(01):42-49.

[③] Law N. Assessing learning outcomes in CSCL settings[A]// Tak Wai Chan, Proceedings of th 2005 conference on Computer support for collaborative learning: learning 2005: the next 10 years[C], Taipei: International Society of the Learning Sciences,2005:373-377.

习行为,改进交流讨论中的问题,从而不断地生成新的知识。共享的思维方式主要强调的是学习者在与他人的互动过程中获得提升,并且,这种思维习惯和学习方式不应局限于当前的学习过程,还应迁移到新情境。

表2-5 知识建构层次变化框架①

维度	评价指标
观点共享和开放探究	共同承担知识无限;知识面前平等参建;多元观点正反并现
渐进式探究	追求知识自主自立;讨论交流建构为优;不断钻研完善观点;善用权威助己发挥
社会-元认知驱动	讨论深入联系现实;融会总结升华超越;时刻反思改进认知
共享的思维方式	跨组参与并行成长;知识建构无处不在

尽管这一框架能够为分析和评价知识建构提供参考,但事实上,并没有经过科学严谨的论证。在某种程度上来说,该框架的作用并不能有效地发挥。不过,Lin 等人做了进一步的工作,不仅设计了评价的框架,还对工具的信度和效度进行了验证,从而得到了知识建构环境评价量表(Knowledge-Building Environment Scale,KBES)②。KBES 的基本假设是学习者通过共同体中的社会互动过程对观点进行交流和讨论,从而实现知识建构。其中包含三个基本要素:观点(ideas)、能动者(agents)、共同体(community)。经过三轮的调查研究,最终得到的 KBES 主要包括三个维度:围绕观点努力(working with idea)、扮演能动者(assuming agency)、培育共同体(fostering community)。其中,围绕观点努力维度包括7项指标,主要关注观点是否得到了有效的改进。扮演能动者维度细分为8项指标,主要关注学习者是否在其中发挥积极的作用。培育共同体维度细分为9项指标,主要关注协作的情感氛围。

由此可知,反思自评框架强调的是一种嵌入式的评价,这种评价贯穿于学习的全过程。借助评价工具,师生可以不断地反思学习过程中存在的问题,并及时

---

① 陈斌.知识建构教学的学习评价设计研究[J].开放教育研究,2017,23(02):55-63.
② Lin K Y, Hong H Y, Chai C S. Development and validation of the knowledge-building environment scale[J]. Learning and Individual Differences, 2014,30:124-132.

地进行调节和改进。而内容分析框架则更多用于学习结束以后,相较而言,反思自评框架的应用则更为灵活。但从评价的具体维度来看,尽管在指标的描述上有些差异,其背后的指向大体相同,从中也反映出知识建构领域评价框架的特点。

第一,知识建构评价的分析单元更加关注小组水平,当然,个人水平也在其中有所反映。而且,若协作知识建构的水平较高,个人的成就也将得到提升。

第二,知识建构评价的方式发生了变化。由以往的总结性评价逐渐转向形成性评价,提倡通过嵌入式的评价来持续地支持和改进学习过程。

第三,知识建构评价的维度主要包括参与和互动。例如,发布帖子和回复他人的帖子。同时,也对观点的多样化、新知识的丰富程度作了考虑,例如,是否尊重不同的观点,是否为观点改进提供了支持,这也是参与和互动的主要目的。

第四,知识建构评价关注的要素不再局限于学习者。尽管知识建构强调以学习者为中心,但实际上其他要素也在其中发挥重要作用,例如教师的支持、技术工具的支持等。

四、对在线协作学习评价的启示

上述内容对协作学习领域和知识建构领域的评价框架分别进行了探讨,呈现了其中的异同。协作学习领域的框架不仅对个人水平进行了考虑,还关注小组水平;知识建构领域的评价框架更加关注小组水平,但并不是说知识建构领域不关注个人水平,而是认为个人水平涵盖在小组水平之中。此外,协作学习领域和知识建构领域都关注交流和讨论的过程,并且,都聚焦于参与和互动这样两个视角。通过对上述两个领域的评价框架进行分析,可以反映出在线协作学习评价的特征。

(一)评价目的:由测量学习到促进学习

随着越来越多的研究与实践表明,在线协作学习对个体和小组的发展都具有一定的促进作用,人们的关注点也发生了变化,即由"是否有利于学习"和"有利于谁的学习"转向"如何才能把这种促进作用发挥得更好"。此时,在线协作学习评价的目的转向帮助师生发现问题,并且支持改进过程,从而更好地理解和促进学习。整体而言,在线协作学习的评价越来越关注形成性评价,强调对过程进行评价来支持和促进学习。

(二)评价维度:由认知领域到社会-情感领域

一直以来,认知领域都是学习评价关注的重要维度。但认知领域的发展已无法满足人才培养的需要,例如,21世纪能力[1],中国学生发展核心素养[2]等,都在强调更加全方位的发展。在线协作学习的核心部分——社会互动,对学习者的社会-情感领域的发展起到积极的促进作用。已有研究开始关注这一问题,并尝试探讨CSCL中认知、社会和情感维度之间的关系[3]。在相关的评价框架中,也能够看到对社会-情感领域的分析,例如,社交互动与情感、社交关系等。就目前的分析来看,这部分的指标虽有涉及,但关注度仍然不够,这也就需要本研究在这些方面做出更多的努力。

(三)评价方法:由教师评价到学习者自评和互评

伴随着评价目的和指标的变化,在线协作学习的评价方法同样发生了相应的改进。以往的评价只是为了测量学习的效果,且主要关注认知领域,因此,评价常常是由教师或研究者来进行,评价的工具也多为纸笔测验、作品展示等。通过这样的方式,也足以达到评价的目的。但当评价的重心转移到学习过程时,教师或者研究者常常面临分身乏术的问题,他们很难做到对在线协作的过程有十分细致的了解。因此,自评和互评的方法引入在线协作学习的评价过程之中。相关的一些评价工具,例如量表、电子档案,也为学习者开展自评和互评提供了支持。从具体的应用来看,已有研究对自评和互评的方式进行尝试和努力,并设

---

[1] Pellegrino J W E, Hilton M L E. Education for Life and Work: Developing Transferable Knowledge and Skills in the 21st Century[M]. Washington, DC:The National Academies Press, 2012.

[2] 核心素养研究课题组. 中国学生发展核心素养[J]. 中国教育学刊,2016(10):1-3.

[3] Ludvigsen Sten. CSCL: connecting the social, emotional and cognitive dimensions[J]. International Journal of Computer-Supported Collaborative Learning, 2016, 11(2):115-121.

计和论证其可行性①。但整体而言,自评和互评的方法仍然处于发展之中。对于本研究而言,具体的实施过程中依然面临一定的挑战。

(四)评价要素:由单一要素到多种要素

在大部分的分析框架中,都在强调学习者是否努力、是否积极参与、是否与他人构建了和谐的共同体、是否开展了有效的社会互动。而作为评价者的教师或研究人员,则根据分析的结果与其预先的设想进行比较,从而判断学习效果的优劣,或者诊断学习过程中的问题。这种评价方式的前提假设,往往是教师或研究人员的教学设计完全正确,而问题主要出现在学习者身上,评价的关注点也自然而然地落在了学习者个人的参与和学习者之间的互动上面。但实际上,这种假设并不完全成立,真实的教与学过程存在更多生成性的问题。准确来讲,这里面还可能存在着教学设计与教学实施不一致的问题②。不仅如此,学习者在协作的过程中还需要得到教师的反馈和帮助,才能够在协作的过程中表现得更好。那么,评价就十分有必要考虑教师方面的因素。在上述的评价框架中,也已经有了一定的反映。例如,甘永成的知识建构分析框架中提及了教师/指导者的作用。随着对协作过程研究的深入,也发现了更多的要素影响着在线协作学习的效果。因此,有必要基于多种要素进行评价,从而更好地帮助理解协作知识建构。

---

① 马志强,管秀,汪一池.以学习者为中心的评价何以可能——以学习者自主评价与同伴互评发展口头汇报能力[J].开放学习研究,2019,24(04):23-32.
② 郑兰琴,杨开城.为什么要研究一致性而不是有效性?[J].中国电化教育,2014(09):20-23+33.

第三章
在线协作学习评价的理论框架建构

在线协作学习涉及复杂的过程和要素,但从在线协作学习已有的评价框架来看,相关的研究并没有很好地体现这一点,大多数框架中所关注到的要素完整性仍然不足。为此,本章主要围绕如何评价在线协作学习进行论述,着重考虑面向知识建构的在线协作学习过程和其中的关键要素,从而形成评价的理论框架。同时,该框架也将用于指导评估工具的设计和开发。

一、研究的理论视角

为了能够有效地评价在线协作学习,首先,需要明确如何看待这一活动或过程。在线协作学习是一种社会化的建构过程,而非个人的知识获取,这一基本立场得到了社会建构主义学习理论的支撑。其次,需要了解如何设计和开展这一活动或过程。在线协作学习以学习者的活动为主,但并不反对教师的参与。基于社会建构主义学习理论,教学系统设计理论得到了发展和完善,逐渐从强调以教为主转向了强调以学为主,并为设计开展在线协作学习活动提供了理论指导。最后,还需要了解影响这一活动或过程的关键要素。在线协作学习强调的是技术增强的社会互动,与面对面的社会互动有所不同,这一过程中的个体参与、社会互动、技术支持、教师干预等因素交互影响。根据探究社区理论,需要着重关注教学存在、认知存在和社会存在方面的因素。整体而言,社会建构主义学习理论、教学系统设计理论、探究社区理论一脉相承,并分别从不同的维度为本研究提供了支撑。

(一)社会建构主义学习理论

学习理论在20世纪得到了巨大的发展,早期以强调"学习就是强化"的行为主义为主,中期出现了"学习就是知识的获得"的认知主义,发展到20世纪末期,建构主义开始对教育产生变革性影响[①]。社会建构主义学习理论更强调知识的建构性、社会性、情境性等,相应地,教与学也转向参与、社会互动等方面。在本研究中,社会建构主义学习理论成为认识和理解在线协作学习的基本理论。

1. 理论概述

建构主义流派纷呈,包括社会建构主义(Social Constructivism)、社会文化认知(Social Cultural Cognition)、激进建构主义(Radical Constructivism)、社会建构论(Social Constructionism)、信息加工建构主义(Information-processing Constructivism)、控制系统论(Cybernetic systems)[②]等。这些流派所持的观点尽管不完全相同,但它们都认为知识不是被动接受的而是主动建构的。从某种意义上来说,流派纷呈的现象正是由于不同的个体分别建构了对建构主义的理解,但在提及建构主义本身时,所指向的仍然是同一立场。基于这样的认识,建构主义的思想可归纳为以下五点:

(1)知识是建构的而不是传递的。

知识是由个体主动建构的对客观世界的理解,而不是被动接受的对客观现实的映射。个体具有主观能动性,学习并不像计算机那样机械地接收、存储或转移信息。因此,教学的目的不在于传递或转移关于世界的现实映像,而在于帮助学习者建构自己独特的意义。

(2)知识源于特定的情境或活动。

从语言和符号的角度来说,脱离特定的情境后,知识难以产生具体的意义。

---

① 莱斯利·P.斯特弗,杰里·盖尔.教育中的建构主义[M].高文,等译,上海:华东师范大学出版社,2002:总序.
② 钟志贤.建构主义学习理论与教学设计[J].电化教育研究,2006(05):10-16.

例如,数字"1"可以表示顺序,也可以表示等级,但纯粹的"1"只是某种不知名的符号。知识不仅是抽象的符号,更是人类从具体的社会实践中提炼而得的经验,与具体的事件、活动具有密切的联系,可以被还原或应用于相似的情境。

(3)知识是模糊的和不明确的。

知识是由个体与社会互动的相互作用主动建构的,这也决定了知识的不确定性。如果把知识看成简单的、稳定的和客观的信息,那么知识便像储存在计算机中的信息或数据一样,可以进行复制和粘贴。但显然知识更为复杂,它不仅隐含着情境和社会互动的内容,还承载着个体独特的意义建构。因此,知识无法进行直接传递,必须经过更为复杂的协商过程,才能逐渐变得清晰。

(4)知识能够进行分享和交流。

语言符号属于波普尔界定的世界3范畴,能够反映出人类的精神世界或思维活动。也正是得益于语言符号的发明,人们才能与他人更好地进行交流。并且,根据社会建构论的观点,语言符号为社会互动中人们共同约定和认可的知识,但对个体的心理发展会产生不同的影响,即个体会建构出不同的意义。那么,为了明确知识的意义,也为了促进知识建构,学习者需要不断地进行分享和交流。

(5)知识建构的结果具有差异性。

知识建构与主体的能动性、情境的特殊性、对象本身的模糊性以及过程的复杂性都有密切的关联,因而,最终的结果必然产生差异。知识建构与知识转移不同,无法原封不动地进行复制和粘贴。即便是同一信息或刺激,对个体而言也将产生不同效果,并进一步导致共同体知识的多样化。需要说明的是,这种差异并没有绝对的对和错,只是符合的标准不同,具有其特殊意义,都应该得到认可。例如,儿童游戏时在地上画个圈代表宫殿,从建筑的概念或成人的视角来看,这个圆圈可能毫无意义,甚至略显可笑。但对游戏中的儿童而言,他们共同赋予其宫殿的意义,并能够积极地参与游戏,感受游戏带来的快乐。因此,共同体建构的知识必然是多样化的,也都是具有意义的。但前提条件是这些知识需要得到认可,即具有一定的理论或观点支撑。

2. 理论启示

上述对理论的阐述和分析,能够为认识和理解在线协作学习提供以下启示。

(1)协作知识建构强调以学习者为中心。

协作知识建构强调学习者主动地进行意义建构,而不是由教师灌输知识给学习者。因此,学习者不能简单地记忆知识点,而是需要积极地参与对话和交流,结合自身的经验分享自己的见解和观点,进行有意义的学习。但需要强调的是,建构主义并不是绝然地反对机械学习,对于许多的学习材料而言,记忆是最简单最有效的学习方式[①]。例如,在学习万有引力定律这一知识点时,协作知识建构并不是要让学习者完整地经历牛顿发现这一定律的过程,而是通过观察物体的自由落体去建构自己的理解。因此,知识建构在强调以学生为中心的同时,并不排斥教师的参与。建构主义理论仅仅是不提倡教师灌输知识,而不是拒绝教师干预学生的学习,以学习者为中心同样需要教师的参与和支持。

(2)在线协作学习强调社会知识的建构。

社会建构的过程必然包含着个人的建构,即完成社会知识建构的同时,个体的认知同样得到了发展。并且,社会知识的形成需要每个成员对其进行建构,相应地,社会知识能够反作用于每个成员。如果单纯强调个体知识,一方面个人内部的心理表征未必能够对其他成员产生影响,另一方面社会互动容易倾向于个人主义的争论过程。每个人所建构的知识或意义并不相同,若强调个体知识建构并不需要在意他人如何建构意义,那么这种个体主观的认识很难得到他人的认可,也就无法形成有效的社会互动,生成公共知识。因而,知识建构以社会知识建构为中心,个体知识的建构只是其中的一个过程和组成部分。

(3)在线协作学习强调持续对话和交流。

协作知识建构的过程,不仅包括人与人之间的社会互动,还包括个人与其自身的反思互动。但由于知识的模糊性,达成有效的人际互动必然需要不断地对话,从来解释观点和理论背后的意义,使他人对其理解趋于准确。同样,只有进

---

① 莱斯利·P.斯特弗,杰里·盖尔.教育中的建构主义[M].高文,等译,上海:华东师范大学出版社,2002:5.

行持续的对话和交流,才能建构更多的社会知识,相应的个体也能够建构更多的个人知识。例如在知识论坛中,学习者发布帖子,其他成员则能够接受这一新的信息,并建构自己的理解。但如果成员之间不进行回帖提问或解释,那么社会知识便止于发帖阶段。同时,共同体成员的疑问也得不到相应的解答,无论是发帖人还是读帖人,都无法看到更多的新观点,个人的知识建构也就此止步。因此,必须通过持续的对话和交流,共同体成员才能更多地看到他人头脑中所建构的知识,以及他人如何建构知识,从而发展个人知识,尤其是不断地发展和完善社会知识。

(4)在线协作学习强调多样化的观点。

知识建构的目的并不在于让共同体建构相同的理解,建构主义理论也表明,不存在绝对的真理或正确的知识。各种观点都可能出现在知识建构的过程中,关键在于这些观点需要得到相应的论证。知识建构共同体中生成的观点来源于个体,若没有相应的论证,尤其没有得到他人的认可前,最多只能称之为个人的知识。而当每个成员都积极地去解释和论证共同体中的观点时,又会产生更多新的观点,这些新的观点又能反作用于学习者,使其产生新的理解,由此产生一种知识建构的良性循环。多样化的观点为个体知识建构提供更多新的信息和刺激,使其对知识的理解更深刻。同时,个体知识的发展也使社会知识更加完善丰富。

(二)教学系统设计理论

教学具有明确的目的,是教与学活动的统一体。教学系统设计理论发端于20世纪中期,逐渐成为指导教与学的重要理论,旨在分析教学目标、决定教学活动,以及设计和开发教学过程。

1. 理论介绍

教学系统设计(Instructional System Design)也称为教学设计(Instructional Design),是对教学过程的重要环节进行具体计划的设计活动,旨在解决教学问题,优化学习效果①。梅瑞尔认为教学旨在让学生获得知识和技能,而教学设计则是创设和开发帮助学生掌握知识技能的学习环境②。何克抗认为教学系统设计是综合运用系统的方法,把学习理论和教学理论等转化为对教学目的、条件、方法和评价等环节进行具体计划的系统化过程③。总体而言,教学系统设计主要存在三种不同类型的取向:以教为中心的取向(也称为传统教学系统设计)、以学为中心的取向(基于建构主义的教学系统设计),以及"教师为主导、学生为主体"的取向(综合前两者灵活使用)④。

传统教学系统设计主要受行为主义学习理论和认知主义学习理论的影响,经历了两代教学系统设计的发展,分别称为ID1模式和ID2模式⑤。其中,ID1以"肯普模式"为典型代表,强调教学设计过程中关注四要素、三问题、十环节。ID2中首推"史密斯-雷根模式",该模式较好地实现了行为主义与认知主义两种思想的结合。ID2在ID1的基础上有了明显的发展和进步,但从这两个典型的代表模式来看,传统教学系统设计十分重视教的层面,关注点落在如何促进教师的教上,而不是学生的学上。

随着建构主义学习理论的发展,人们越来越强调以学习者为中心,相应地,教学系统设计也开始转向以学为中心的探索。余胜泉等人认为,基于建构主义的教学设计适用于学习任务较为复杂、学习环境更加丰富的情境,而简单的情境或学习任务只需要进行传统的教学设计便能满足需求⑥。这也说明以学为中心的教学设计并不能完全替代以教为中心的教学设计,对于简单的内容而言,传统的教学设计依然能够发挥其优势。以学为中心的教学系统设计主要遵循六条基本的原则:强调以学生为中心、强调情境的重要作用、强调协作的关键作用、注重学习环境而非教学环境的设计、强调信息资源对学的支持、强调学习的目的在于

---

① 何克抗,林君芬,张文兰.教学系统设计[M].北京:高等教育出版社,2006:2-3.
② Merrill M D, Li Z M, Jones M K. Second Generation Instructional Design (ID2)[J]. Educational Technology, 1990, 30(2):7-14.
③ 何克抗.也论教学设计与教学论——与李秉德先生商榷[J].电化教育研究,2001(04):3-10.
④ 何克抗,林君芬,张文兰.教学系统设计[M].北京:高等教育出版社,2006:19.
⑤ 何克抗,郑永柏,谢幼如.教学系统设计[M].北京:北京师范大学出版社,2002:39-46.
⑥ 余胜泉,杨晓娟,何克抗.基于建构主义的教学设计模式[J].电化教育研究,2000(12):7-13.

知识建构而非教学目标的达成①。基于这些原则,以学为中心的教学系统设计模式主要包括七个部分,如图3-1所示②。

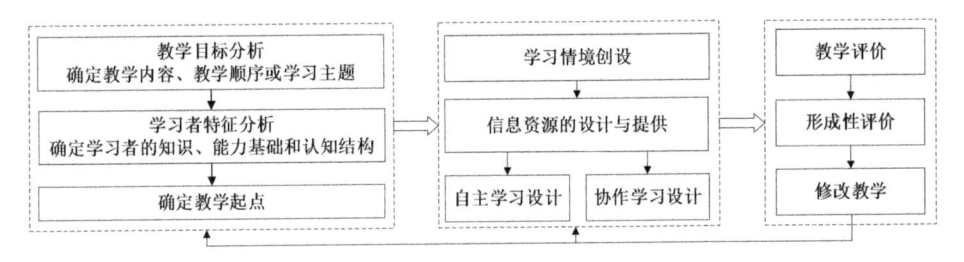

图 3-1 以学为中心的教学系统设计模式

以学为中心的教学系统设计与传统的教学系统设计存在较大差异,前者基于教学目标与学习者已有水平之间的差异,强调如何为学习者的学创设环境、设计资源、提供支持,促使最近发展区变为现实发展区;而后者则更强调针对相关知识或内容展开进一步的教学,传授更多的知识和内容。但总体而言,这些不同的教学系统设计中也有相似之处,存在着共同关注的特征或要素,例如,共同关注教学目标分析、学习者特征分析、教学模式或策略的选择、学习环境设计,以及教学的评价和完善。

2. 理论启示

教学系统设计理论不仅为有效地开展在线协作学习提供了理论基础和实践指导,也为如何评价教学指明了方向。在教学设计过程中值得具体规划和设计的内容,必然是教与学取得成功的关键所在。因此,需要在相应的评价指标中得到反映。

(1)教的层面。在教学过程中,教师的教始终占有重要地位,即便是以学为中心的教学系统设计,仍然关注教师在教学中所扮演的角色。尽管在线协作学习以学生的对话交流、讨论协商为主,但教师的引导、教学组织等行为也能够提供有效的学习支持服务。因此,教师的教应在评价中有所呈现,才能体现评价的

---

① 何克抗.建构主义的教学模式、教学方法与教学设计[J].北京师范大学学报(社会科学版),1997(05):74-81.

② 何克抗,林君芬,张文兰.教学系统设计[M].北京:高等教育出版社,2006:22-23.

完整性。

(2)学的层面。从教学系统设计理论的发展来看,以学为中心的教学设计、主导—主体的教学设计成为主流趋势,以教为中心的教学设计更多发挥的是辅助教与学的功能。知识建构以共同体发展和改进观点为核心,强调学习者作为能动的认知者参与其中。因此,在线协作学习的评价格外关注协作学习的过程,尤其是学习者之间的讨论协商、意义建构过程,以及个体积极参与对共同体的贡献。

(3)中介层面。教与学的中介主要提供学习支持服务,既包括教与学所处的环境,也包括教与学所采用的策略。技术环境能够支持学习者查找、获取和利用相关的信息资源,帮助学习者有效地开展协作论证,不断地改进和发展共同体的观点。策略或机制为教与学活动的开展提供了参考或准则,帮助共同体解决组织管理的问题,达到更高水平的知识建构。

(4)评价层面。从教学系统设计理论来看,无论哪种类型的教学设计都强调教学评价,其中尤为关注形成性评价对教与学过程的改善作用。教学系统设计仅仅是教学实施前的周密计划和系统安排,但真实的教学却未必按部就班地开展,即存在教学设计方案与教学实施的一致性问题[1]。通过形成性评价,教师和学生能够及时地了解到教与学过程中存在的问题,并恰当地作出相应的调整,从而更好地改善教与学的过程,优化学习的效果。

(三)探究社区理论

随着信息技术和互联网的发展,如何更好地提高学习效果成了人们关注的问题。在探索解决这一问题的过程中,衍生出了诸多的理论,用于指导技术支持环境下的教与学。其中,探究社区理论(Community of Inquiry)综合考虑了教师和学生在教与学过程中的作用,更符合在线学习环境的需要[2]。

---

[1] 郑兰琴.教学设计与实施一致性分析的个案研究[J].现代远程教育研究,2015(03):95-103.

[2] Shea P, Bidjerano T. Community of inquiry as a theoretical framework to foster "epistemic engagement" and "cognitive presence" in online education[J]. Computers & Education, 2009, 52(3):543-553.

1. 理论介绍

Garrison 和 Anderson 等人最早提出探究社区理论,该理论已成为在线学习和混合学习研究与实践领域中的重要理论之一[1]。探究社区理论构建了一个过程模型,以此来帮助理解复杂的在线教与学活动。该理论认为,有效的在线学习可以凝练出三种核心要素:认知存在(Cognitive Presence)[2]、社会存在(Social Presence)、教学存在(Teaching Presence)。表3-1对相关要素进行了分类,并列举了部分指标。

表3-1 COI要素分类

要素	类别	举例
认知存在	触发事件	困惑感
	问题探索	交流信息
	信息整合	观点联系
	问题解决	应用新观点
社会存在	情绪表达	情绪
	开放交流	自由地表达
	小组凝聚	鼓励协作
教学存在	教学管理	定义和发起讨论主题
	促进对话	分享个人的理解
	直接干预	聚焦讨论

(1)认知存在。

在上述三种要素中,最基本的要素是认知存在。这一术语描述了学习者在特定情境中如何通过持续的交流进行学习,尤为强调在学习过程中表现出批判性思维。在传统的面对面教学中,关于认知存在的问题并不需要过于重视,教师能够轻易地掌握学习者的情况,并进行一定的干预。但对于在线学习环境而言,

---

[1] 杨洁,白雪梅,马红亮.探究社区研究述评与展望[J].电化教育研究,2016,37(07):50-57.
[2] Garrison D R, Anderson T, Archer W. Critical Inquiry in a Text-Based Environment: Computer Conferencing in Higher Education[J]. Internet and Higher Education, 2000, 2(2-3):87-105.

认知存在亟须得到重视。为了更好地理解认知存在,Garrison等人将其划分为触发事件、问题探索、信息整合、问题解决四个阶段,以便于对在线交流的内容进行分析和解释。需要强调的是,四个阶段并不存在特定的先后顺序,而是在线教与学过程中能够反映认知存在的四个要素。

触发事件指的是学习者发起探究,大部分情况下是提出问题或描述任务。问题探索十分耗时且重要,学习者要查找相关的信息,并与他人进行观点的分享。信息整合是一个反思的过程,学习者要对不同的信息进行分析,找出其中的联系和区别,确定可能的解决方案。问题解决主要是通过不断地尝试,找出最优方案。从这四个阶段可以看出,认知存在实际表达的是对学习者个体努力的关注,即学习者能否积极地参与其中。同时,透过四个阶段的不同描述,认知存在还尤为强调学习者参与的有效性。

但在教育实践过程中,学习者之间有效的讨论并不多见。具体而言,交流讨论的过程总是囿于问题探索阶段,很难表现出信息整合和问题解决的行为[1],即学习者彼此之间大多停留在观点分享的层面,并不会进行较为深入的探讨和论证。不过,这一问题也可以得到解决,教师的任务设计和教学干预能够帮助学习者突破交流讨论的局限[2]。此外,Akyol和Garrison还认为,任务的类型或者学习者彼此之间的亲密程度同样影响讨论的质量[3]。换句话说,认知存在并不是孤立的要素,教学存在和社会存在都会对其产生影响。在后续的相关研究中,这一观点也得到了验证[4]。

(2)社会存在。

社会存在描述了学习者融入共同体的能力,并让他人对其产生"真人"的感

---

[1] Garrison D R, Anderson T, Archer W. Critical thinking, cognitive presence, and computer conferencing in distance education[J]. American Journal of Distance Education, 2001, 15(1):7-23.

[2] Garrison D R, Arbaugh J B. Researching the community of inquiry framework: Review, issues, and future directions[J]. The Internet and Higher Education, 2007, 10(3):157-172.

[3] Akyol Z, Garrison D R. The development of a Community of Inquiry over time in an online course: Understanding the progression and integration of social, cognitive and teaching presence[J]. Journal of Asynchronous Learning Networks, 2008, 12(3):3-22.

[4] 兰国帅,等.探究社区量表中文版的编制——基于探索性和验证性因素分析[J].开放教育研究,2018,24(03):68-76.

知。这对在线学习环境而言至关重要,由于缺乏了面对面的交流,学习者常常不能很好地感知他人的真实存在,从而产生在线的孤独感,导致消极地参与学习过程[1]。因此,社会存在更倾向于研究个人在共同体中感知到与他人和谐相处的程度,这将直接关系到学习者是否能够很好地适应学习环境,是否愿意且乐于投入学习的过程之中。

最初,关注社会存在这一要素仅仅是因为它能够促进认知存在,从而间接地对教与学具有一定的作用。不过,随着教育的改革发展,教育目标不再局限于认知领域,也开始关注情感领域,这使得社会存在直接对教与学产生重要影响。从社会存在的具体分类中也可以看出,它包括情绪表达、开放交流和小组凝聚三个类别,不仅关注学习者之间交流的氛围和方式,还关注学习者所表达出来的情绪或情感,例如对话文本中的表情、标点符号,以及幽默感等。此外,研究也表明社会存在受到教学存在的影响,例如,Swan 和 Shih 发现课程设计会显著影响学生对社会存在的感知[2]。他们还发现,学生对教师的感知比对同伴的感知更为重要,能够带给学生更高的满意度。

(3)教学存在。

教学存在描述了两种基本的功能:设计和促进。其中,设计功能的实现往往依赖于教师,主要表现为教学管理,通常包括选择、组织和呈现课程内容,以及设计在线学习活动和学习评价,甚至还包括 PPT 的设计制作、微课的设计制作、课程材料的解读,以及指导技术的使用等。

促进功能的实现既可以依靠教师,也可以依靠学生,主要表现为促进对话和直接干预。因此,只需要引导讨论顺利进行,开展有效的互动,就可以实现教学存在的促进功能。此外,由学生发起的师生问答互动更为重要,教师能更加精准地了解学习者的情况,起到更好的促进作用[3]。因此,教学存在这一术语并非纯

---

[1] Kehrwald B. Understanding social presence in text-based online learning environments[J]. Distance Education, 2008, 29(1):89-106.
[2] Swan K, Shih L F. On the nature and development of social presece in online discussions[J]. Journal of Asynchronous Learning Networks, 2005, 9(3):115-136.
[3] 江毅,等.智慧教室环境下师生互动行为研究[J].现代远距离教育,2019(03):13-21.

粹地指向教师,关键在于能够促进社会存在和认知存在,从而实现深度学习。

2. 理论启示

根据探究社区理论,教学存在、社会存在和认知存在都对在线协作学习的效果产生影响。这一理论关注学习过程,强调其中的核心要素所发挥的重要作用。首先,在线协作学习的评价需关注学习者个体的认知努力程度。认知存在要求学习者认真思考问题,并查找相关的资料以增进理解,同时与他人进行观点的分享和比较,不断地进行尝试,从而得到更为丰富和有价值的观点。其次,在线协作学习的评价需关注学习者之间有效的人际互动。尤其是在线环境中,学习者不能进行面对面的交流,情感、氛围等方面的感知欠佳,难免会影响学习的效果。社会存在对这些方面的因素进行了综合考虑,能够促进学习者的认知存在,即营造平等自由的交流氛围,使学习者彼此之间产生情感依赖,让每个学习者在参与讨论时都能有较好的体验,从而积极地参与社会互动。最后,在线协作学习的评价还需要关注教学方面提供的支持、教师角色的作用。正如建构主义学习理论和教学系统设计理论所强调的,在线协作学习并不能完全脱离教师。即便强调以学习者为中心,也不代表学习的责任完全由学习者承担。在任务的设计、活动的开展、学习的评价等方面,仍然需要依赖教师的有效参与,否则,学习者遇到困难时将无所适从。当然,探究社区理论中的教学存在并不局限于对教师,技术工具方面的支持同样能影响学习的效果。教学存在的意义在于强化一种理念,即在线协作学习需要得到更多的支持。

二、在线协作学习的过程解构

本书关注的是面向知识建构的在线协作学习过程,主要强调学习者个体的参与,以及与同伴之间的交流,通过个人与集体之间的相互作用,使得协作知识建构达到较高水平。但这并不是在线协作学习的全部,大量的研究表明,教师(指导者)、学习环境、技术平台等方面提供的学习支持服务同样发挥了重要作用。就协作学习本身而言,它主要包括四个方面的基本要素,分别是:学习小组,小组成员,教师/辅导者,以及学习环境(组织结构、学习场所、计算机、互联网、资源)[1]。结合这些基本要素,Harasim认为,在线协作学习的过程可以概括为三个核心环节:从观点的分享和生成,到观点的组织与归纳,最后再到观点的融合与建构。同时,其中还包括教师/主持人的作用[2],详见图3-2。

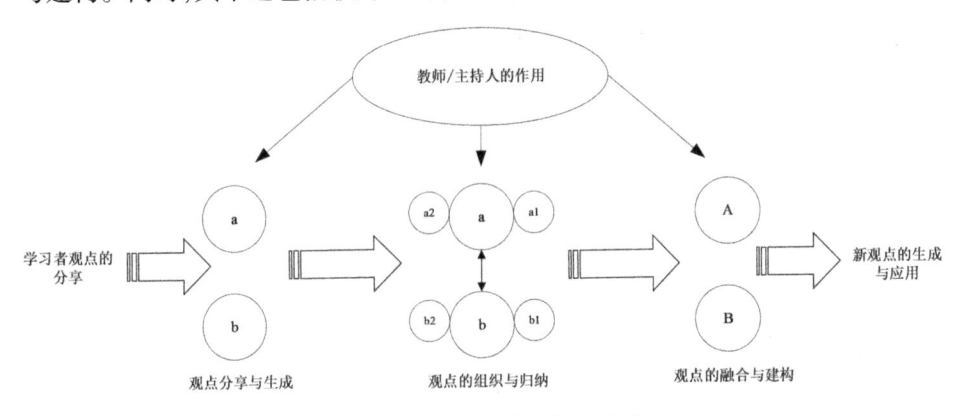

图3-2 在线协作学习的三阶段

不过,这样的一种划分其实主要关注的是社会知识建构,而没有很好地关注个人知识的建构。在很大程度上,它呈现了学习者自身及学习者与同伴之间的认知互动过程。但它还不够完善,不能很好地解构在线协作学习的过程,尤其是它对"在线"这一环境的关注不够,以及对教师或教学方面的考虑缺失。因此,需要进行相应的补充说明,才能更好地理解在线协作学习。

从要素方面来说,需要增加对教师以及在线环境的考虑;从过程方面来说,当要素增加之后,在线协作学习的过程也就不再局限于学习者的个人建构,以及与同伴之间的认知互动,还需要关注其中的师生互动和人机互动。换句话说,在线协作学习中的关键要素包括学习者、教师和技术,呈现的是学习者的参与,以及与不同要素之间的互动过程,旨在促进认知和社会-情感的发展。其中,过程及要素之间的关系如图3-3所示。

---

[1] 赵建华,李克东.协作学习及其协作学习模式[J].中国电化教育,2000(10):5-6.
[2] Harasim L. Learning theory and online technologies[M]. New York:Routledge,2012:95.

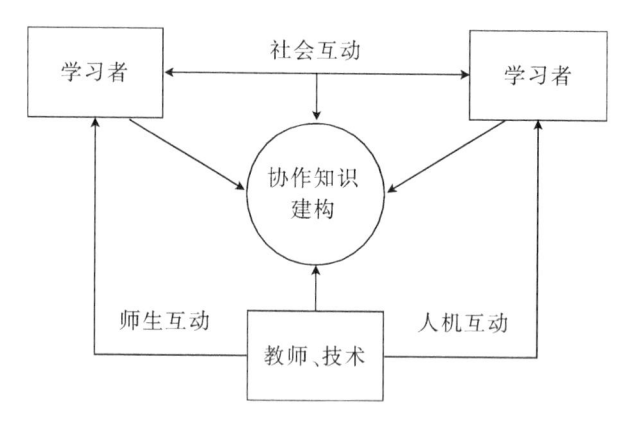

图 3-3 在线协作学习的过程及要素之间的关系

(一) 个人建构是在线协作学习的基础

从在线协作学习的过程来看,教与学的活动主要围绕学习者之间的社会互动展开,但显然也离不开学习者个体的知识建构。在 Stahl 提出的协作知识建构模型中,包含个人理解和社会知识建构两个循环,突出了个体知识建构的重要作用[1]。其中,个人的理解主要包括两个阶段:第一,在已有知识经验的基础上生成学习者个人的初始理解;第二,在社会知识建构的基础上生成学习者个人新的理解。这两个阶段不断地更迭,从而推动社会知识建构的发展,最终实现协作知识建构。因此,学习者的个人建构是协作知识建构的基础环节。

对于在线协作学习而言,个人建构同样重要,要实现有效的社会互动,离不开每个学习者的积极参与,即学习者要意识到自身对协作知识建构的重要性,积极地参与在线协作学习,主动承担起应有的责任,为观点分享和改进做出相应的贡献。具体而言,在线协作学习中的个人建构也可以从两个方面进行理解:学习者分享自己的观点、学习者获取他人的观点。

第一,学习者分享自己的观点。当不同的学习者通过在线的形式开展协作知识建构时,首要的便是对问题或概念进行独立思考,从而产生自己的理解。每个学习者的知识经验基础不同,因而会得到其独特的观点或知识。当然,这种观

---

[1] Stahl G. A Model of Collaborative Knowledge-Building[M]// Fishman B, Fourth International Conference of the Learning Sciences, Mahwah, NJ: Erlbaum, 2000:70-77.

点或知识还存在于学习者的头脑之中,更加倾向于隐性知识,并未被他人所感知。因此,学习者需要将其充分地表达出来,通过语音、文字、符号等形式进行在线分享。并且只有如此,在线协作的学习者之间才能初步地了解彼此对某一问题的认识,并在此基础上尝试比较观点的异同,甚至思考他人观点背后的逻辑,进而为后续的互动交流建立共同基础。

采用"共同基础"这一术语,并非强调学习者的观点相同,而是强调互动交流的基础和起始。换句话说,为接下来的质疑、解释、改进等过程提供靶向。若是部分学习者未能参与其中,这种共同基础将明显弱化,进而影响后续的社会互动,甚至导致结果走向两个极端。一方面,整个在线协作学习的过程可能被少数人引领,交流和讨论也仅仅是围绕这部分人的观点进行,其余的学习者则处于相对弱势的地位,甚至他们的观点会被忽视。另一方面,整个在线协作学习的过程也可能变得短暂和沉闷,在无法得知他人观点的情况下,在线带来的空间隔离使得学习者担心与他人观点冲突,因而消极参与互动,交流和讨论也将无法进行下去。

第二,学习者获取他人的观点。如果说分享观点是学习者作用于在线协作学习,那么获取观点就是在线协作学习作用于学习者。当学习者的隐性知识在线分享以后,便以文字、符号等形式存储于互联网之中。从知识的属性上来说,它就成了客观知识,能够对学习者产生反馈作用,即在线分享的观点可以引发学习者的认知冲突,从而产生同化或顺应作用,促进学习者个人的知识建构。当然,这也是在线协作学习的基本功能,即支持学习者的个人学习。值得说明的是,获取的观点并不局限于学习者初始分享的观点,还包括后续交流讨论的过程中不断改进的观点。

单就学习者初始分享的观点而言,其并不足以引发个体高水平的知识建构,学习的效果也将令人担忧。当论及低水平的在线协作或失败的在线协作时,常常是因为缺乏有效的互动和交流,令研究者和实践者极为苦恼。尤其是在MOOC论坛中,很多的学习者仅仅是希望浏览MOOC课程的讨论区,并从中获得相关的信息,来帮助自己学习。因而,学习者的发帖数量其实并不多,回帖就更加稀少了。在这种情况下,尽管学习者依然可以获取一些他人的观点,并且从中受益,但能够获取到的这些观点和思想终究是浮于表面的,很难促进深度学习。相反,通过深度的交流和讨论,才能够不断地引发学习者的认知冲突,从而实现高水平的认知发展。

在探究社区理论中,学习者分享观点这一过程可以描述为认知存在的触发事件阶段,学习者初步获取他人的观点可以称之为问题探索阶段。而信息整合以及问题解决阶段,则主要表现在后期的深度交流和讨论过程中。前两个阶段更多体现的是学习者个人的思考过程,以及对他人思考的逆向推理过程,后两个阶段才更多体现出学习者之间思维的碰撞过程。当然,就在线协作学习的最终目的而言,学习者个人的知识建构是为了更好地服务于协作知识建构。因此,无论是分享观点还是获取观点,都与学习者之间的交流互动密切关联,成为在线协作学习有效开展的基础。

(二)社会建构是在线协作学习的核心

在个人建构的基础之上,学习者之间还需进一步完成社会建构,才能使在线协作学习达到较为理想的效果,即实现高水平的知识建构。事实上,这就要求学习者之间进行持续的对话。在线协作学习过程中,对话是分享观点和论证观点的主要手段,学习者把头脑中建构的知识以文字、符号等形式表达出来,从而看到彼此对问题的理解和思考的过程,也以此证明每个学习者做出的贡献。最初分享的观点越多,观点改进的可能性也就越高,改进的方向也就越多,也更容易达到高水平的知识建构。因此,在线协作学习强调学习者的个人建构和观点的分享过程。但是,观点的分享仅仅是简单的对话。尽管它也会产生社会建构,却只是浅层的建构。为了实现深度建构,学习者需要进行持续的对话,从而识别问题、建立和完善目标、收集信息、理论分析、设计测验、验证假设、改进理论、创设模型,并监控和评价这一过程。同样,社会建构也可以划分为以下两个阶段。

首先,对观点进行解释和说明,帮助他人理解,从而拓展共同讨论的基础。在最初的分享过程中所产生的概念、观点、理论、解释、问题等认知制品(epistemic artifacts),是学习者的精神思维产物,归属于波普尔划分的世界3范畴,成了客观知识。尽管学习者的主观想法和观点成了客观存在,但它们却未必能够完全映射学习者的思维和理解。同样,根据建构主义的基本观点,个体都是根据自己的经验建构对客观世界的认识的。当这些客观知识作用于学习者时,也未必能够精确地引发学习者的认知发展。简单来说,在线平台所记录的对话内容未必能够完全表达分享者的个人知识,他人也未必能够准确地理解分享者的观点。若是二者之间的差距过大,那么学习者之间的对话便极有可能出现牛头不对马嘴的现象。

当然,理解并不代表接受或者认可。在社会知识或公共知识的创造过程中也是如此,即便人们理解了某种知识,但却并不代表它会立刻被人们所承认。大多数的情况下,理解只能说明它已经为人所知,但得到公众认可还需要进一步的努力。这些观点和见解可能并不成熟或者完善,存在发展和改进的可能与空间。当然,也正是因为这些知识并不一定完全正确,才体现出知识增长的潜力,以及知识创新创造的可能。

因此,在线协作学习还要求学习者在解释说明的基础上做进一步的论证。这种论证并不是坚持己见的争论,也未必需要说服或者强迫他人接受某种特定的观点。尽管它也能够深化彼此对某一问题的理解,但它更多的是培养学习者个体的思维能力,对知识创新或知识创造的作用并不明显。以往对协作学习进行话语分析的研究也持有相同的观点,认为争论型的会话,尤其是带有个人主义色彩的争论不利于协作学习取得成功,相反,探索型的对话过程能够取得更好的学习效果[1]。事实上,当学习者能够根据自己的知识经验,或借助外部资料,为他人提供合理的意见、建设性的解决方案时,将更容易被他人接受,观点的改进也能够进展得更为顺利。

同时,论证的根本目的是对观点进行改进,即得到更多信息和资料的支撑,让共同体的观点或知识更容易被理解,从而发展得更加丰富和完善。一方面需要通过持续的论证,不断地引证资料进行解释和说明,才能让问题更加清晰、观

---

[1] 江毅,何晓萍,万昆. 翻转课堂中协作学习的效果与策略研究[J]. 现代教育技术,2016,26(03):80-86.

点更加可靠、理论更加透彻。另一方面也要允许多样化的观点存在,得到合理论证的观点都值得认可。多样化的理解才能够碰撞出更多的火花,产生更多新的知识。同时,更加丰富和完善的社会知识建构也为学习者个体提供了更多的理解视角,能够拓展学习者的思维,使其达到更高水平的个人知识建构,实现深度学习。

在社会建构的过程中,学习者之间进行持续的交流和论证,从而产生更多新的观点和知识,才真正意义上体现了认知存在中提及的信息整合以及问题解决阶段。不仅如此,这一过程还与社会存在密切关联。尽管在个人建构阶段,学习者通过基本的观点分享参与在线协作时,也能够帮助彼此感知到他人的真实存在,但这种感知并不强烈。尤其是在人工智能技术快速发展的今天,智能机器人也可以与学习者进行对话,甚至学习者都不能准确地感知与其对话的是真人还是机器人。只有通过持续深入的交流,才能更好地体现社会存在。正因为如此,社会建构成为在线协作学习的核心环节。

（三）学习支持是在线协作学习的保障

尽管在线协作学习十分强调以学习者为中心,但它仍然是一种教与学的活动,并不能完全地脱离教师的教而顺利开展。在传统教学中,教师往往充当知识的传授者的角色,不断把新知识传递给学习者,其目的在于帮助学习者尽可能多地获取知识。但在线协作学习与之不同,教师所扮演的并不是传授者的角色,更多的是引导者,甚至是建构者的角色,即教师应当参与到学习者的交流和讨论过程之中。但教师参与的主要目的在于关注在线协作的过程,类似于传统教学中的课堂巡视,从而发现其中存在的问题。

这里需要说明的是,在线协作学习并不反对传统的教学,教师作为知识传授者的身份同样具有重要作用。知识传授式的教学要求学习者记忆和理解知识,而这会成为学习者参与协作的基础。尤其在面对实践性问题时,学习者需要获得基本的知识和概念,对基本的理论有一定的理解,才能够对观点或问题进行分析和比较,从而设计方案和解决问题①。当然,对于复杂的任务或内容而言,直接获得标准答案并不足以发生深度学习,学习者通过协作互动共同探讨如何解决问题的过程,并通过实践加深对理论的理解和掌握才更有意义。因此,教师要做的不只是讲授,更为重要的是为在线协作过程提供必要的支持和帮助,从而促进学习者的参与和互动。

根据探究社区理论,教师需要提前对问题和任务进行设计,以便学习者围绕某一问题或任务进行分析、交流和论证,从而实现协作知识建构。否则,每个学习者都会有自己独特的问题,而这些问题之间却并没有关联性,甚至于学习者提不出值得探讨的问题,那么将很难开展有效的讨论。不过,即便教师明确了问题或任务,在现实的教与学活动中,往往还是会出现一些问题。例如,学习者不参与讨论,或参与度较低的情况,而其可能的原因包括学习者拒绝参与讨论、害怕参与讨论,以及讨论过程出现瓶颈等。对于不参与的情况,教师需要鼓励和督促学习者,帮助学习者克服惰性,消除心中的顾虑,积极地投入其中。对于讨论进展缓慢的情况,教师要帮助学习者找出问题所在,引导学习者走出误区,朝正确的方向前进。而且,互动交流的过程中,学习者不可避免地会遇到一些不容易理解的问题,此时需要得到教师的一些反馈,为学习者提供相关的信息和资料,从而帮助其解决问题。或者,教师直接阐述自己的观点。教师在学习者的心中具有权威性,其观点容易被作为权威资料而得到共同的认可。不过,为了避免由于教师身份的特殊性导致其他成员产生依赖心理,教师观点作为权威资料使用时,也需要做出相应解释或论证。

此外,在线协作学习与一般的协作学习不同,学习者的交流和互动与在线学习环境密切关联。通常来说,在线协作学习平台主要包含四个方面的功能:互动交流、资源共享、评价反馈、协作引导②。其中,互动交流指的是技术平台可以支持学习者之间的同步或异步对话讨论,例如论坛、聊天工具等;资源共享指的是

---

① Bereiter C. Principled practical knowledge: Not a bridge but a ladder[J]. Journal of the Learning Sciences, 2014,23(1):4-17.
② 余亮,黄荣怀.在线协作学习支持平台的历史、现状及研究趋势[J].电化教育研究,2009(12):54-58.

技术平台可以支持学习资源的查找、浏览、上传、下载,便于学习者之间共享;评价反馈指的是技术平台可以支持对生生交互、师生交互的动态关注,并为学习者提供评价反馈;协作引导指的是技术平台可以支持教师参与讨论,并为学习者提供引导,避免协作讨论偏离主题或者进入误区。

因此,尽管在线学习环境中的技术工具本身不能改变学习者的观点和知识,但它能够支持和促进协作知识建构。首先,借助互联网学习者可以在线查找更多相关的信息和资料参与协作,使得在线讨论更加深刻。交互平台或工具也能够为学习者的交流论证提供便利,例如,学习者可以随时随地进行交流讨论。同时,交互平台或工具还可以记录和存储对话的过程,便于学习者回顾观点的发展过程,并发现观点之间的联系。

三、在线协作学习的 PSTI 评价框架

如前所述,在线协作学习的过程包括个人建构、社会建构,以及相关的学习支持。而从已有的评价研究来看,协作学习领域的评价框架更多强调把个人知识建构和社会知识建构分别加以考虑,但这种做法难以体现个人与小组之间的复杂互动关系。知识建构领域的评价框架则通过关注参与和互动解决了这一问题,它更加关注社会知识建构层面,当然,也强调了个人知识建构的重要性。尽管在线协作学习的评价已经开始注重协作过程,强调学习者个人的参与和学习者之间的互动,试图勾画有效的协作过程;但实际上评价仍限于学习者层面,关注视角较为片面,并未立体呈现有效的协作过程。因此,有必要做进一步的研究,使得评价框架更为完善。

(一)在线协作学习评价理论框架的提出

作为一种教与学的活动,在线协作学习不仅有学习者的个人知识建构,也包括学习者之间的社会知识建构,此外还有教师和技术方面提供的学习支持。因此,本研究认为面向知识建构的在线协作学习评价框架可以从四个维度进行考虑,分别是:能动参与(Participate as Agency)、社会互动(Social Interaction)、师生互动(Teacher-Student Interaction)和技术支持(Information Technology Enhancing),如图 3-4 所示。其中,学习者作为能动者参与是基础环节,学习者之间的社会互动是核心环节,教师的引导、反馈,以及信息技术对学习环境的增强为学习者提供学习支持服务。四个评价维度彼此关联,共同影响在线协作学习的最终效果。

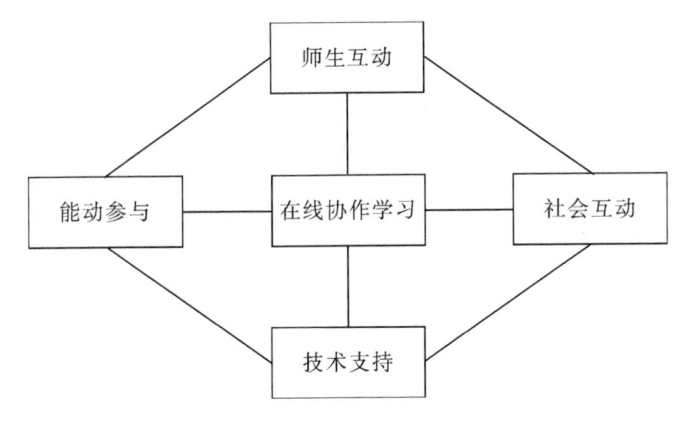

图 3-4　在线协作学习 PSTI 评价框架

与以往的评价框架相比,此框架既有继承,也有发展。相同之处在于本研究的框架同样关注在线协作学习中的参与和互动。学习者的参与是在线协作学习的基础,只有每个学习者都参与其中,才能产生后续的学习过程。互动则是在线协作学习的核心部分,学习者需要通过与他人互动才能进行观点的分享、交流和改进。由此,通过对参与和互动两方面的重视,来关注学习者认知、社会-情感等层面的发展。

不同之处在于本研究的框架对参与和互动做了进一步的阐释和延伸。参与方面强调学习者应作为能动者(Agents)参与其中,学习者自身应主动承担起学习的责任,积极地参与在线协作分享自己的观点,同时建构自己的个人理解。此外,互动方面不仅需要考虑学习者与同伴之间的社会互动,还需要强调师生互动和人机互动,以此来关注教师和技术对学习提供的支持。尤其是考虑到在线学习环境的特殊性,更需要加入对教师的考虑,同时将技术平台方面的因素纳入其中。这样多方面的考虑旨在更好地帮助理解在线协作学习,发现学习过程中可能存在的问题,从而实现高水平的知识建构。

事实上,这与探究社区理论的观点基本相符,认知存在强调学习者的努力,社会存在强调对同伴的良好感知,教学存在强调对教与学的支持作用。在线协作学习中最为重要的是社会互动的过程,尤其强调学习者之间的有效交流和讨论。而为了实现有效的社会互动,学习者需要很好地感知到他人的参与。尤其是在线学习环境缺乏传统课堂中的面对面交流,如果学习者与同伴的互动体验较差,必然产生消极的影响。因此,在线协作学习的基础是学习者积极参与,每个人都需要分享自己的观点。

同时,深刻的讨论还会进一步激发学习者分享观点,即学习者根据自己的理解表达不同的观点,经过解释、说明、论证和改进之后,又产生了新的观点。这些新观点又可以引发进一步的思考,从而促使学习者分享更多的新观点。那么,在线协作学习的过程中,社会存在和认知存在便能够相互作用,激发更好的效果。

此外,无论是学习者个人的参与还是彼此间的社会互动,都需要教师参与和信息技术的支持。例如,学习活动的设计和组织,讨论过程中的引导和反馈等。若缺乏教师或技术方面提供的相关支持,学习者未必能找到合适的话题进行讨论,交流中遇到问题也得不到有效的解决,或者在线协作遇到技术问题,也会影响协作的开展。因此,在线协作学习的过程还强调师生互动、人机互动对协作知识建构的支持作用。

不过,其中还存在些许的差别。探究社区理论认为,社会存在对认知存在有促进作用,而教学存在对二者都有促进作用。该理论的落脚点实际上还是在学习者个人的认知发展上,即强调与他人一起学习,缓解在线的孤独感,并为学习者提供学习支持服务,从而完成个人知识的建构。但对于在线协作学习而言,则有所不同。它强调的不仅是学习者认知层面的发展,还包括社会-情感等方面的发展。在Slakmon等人看来,情感是在线协作学习中的一个重要组成部分[1]。另外,在线协作学习侧重的是学习者之间共同开展交流和讨论,从而完成知识建构,个人的学习只是其中一部分,最终还是为了改进和创造新知识。因此,无论是认知存在、社会存在,还是教学存在,其根本目的都是为了促进有效的社会互

---

[1] Slakmon B, Schwarz B B. Deliberative emotional talk[J]. International Journal of Computer-Supported Collaborative Learning, 2019(14):185-217.

动,进而实现高水平的协作知识建构。

（二）在线协作学习评价具体维度的阐述

本研究从能动参与、社会互动、师生互动和技术支持四个维度构建在线协作学习的评价框架,以下分别做详细论述。

1. 能动参与维度

根据认知灵活性理论(cognitive flexibility theory),学习者之间分享和交流的观点越多,就越有可能实现新知识的建构[1]。因此,学习者的参与对在线协作学习而言至关重要,这也使其成为本研究的评价框架中需要着重考虑的维度之一。在已有的分析和评价框架中也反映出了对这一维度的关注。例如,在 Henri 的分析框架中,直接把"参与度"作为一级指标,分别考查小组和个人发帖的数量[2]。此外,在对互动进行社会网络分析时,该框架也强调通过网络节点的位置来分析学习者的参与度。由此可见参与维度的重要性。但从另一方面来说,这种关注还源于学习者并没有全部参与在线协作。为此,Weinberger 和 Fischer 的分析框架对这一问题做了特别关注,旨在了解是否每个学习者都参与了活动,以及是否所有学习者都获得了平等参与的机会[3]。

在社会建构主义学习理论看来,学习应该是以学习者为中心的活动。能动参与强调的就是学习者需要具备一定的主观能动性,积极投入在线协作的过程。这就需要在动机和情感方面具备一定的投入,例如,学习者是否对话题感兴趣,是否愿意参与在线协作[4]。由此,学习者才能够在参与的具体行为方面表现得更好,例如积极地发帖,分享自己的观点。除此之外,学习者的内部对话——思

---

[1] Spiro R J, Feltovich P J, Jacobson M & Coulson R L. Cognitive Flexibility, Constructivism, And Hypertext: Advanced Knowledge Acquisition in Ill-Structured Domains[J]. Educational Technology 1991, 31(5): 24-33.

[2] Henri, F. Computer conferencing and content analysis[M]//. In A. R. Kaye (Ed.), Collaborative learning through computer conferencing. Berlin: Springer-Verlag, 1992: 117-136.

[3] Weinberger A, Fischer F. A framework to analyze argumentative knowledge construction in computer-supported collaborative learning[J]. Computers & Education, 2006, 46(1): 71-95.

[4] Näykki P, Isohätälä J, Järvelä S, Pöysä-Tarhonen J, & Häkkinen P. Facilitating socio-cognitive and socio-emotional monitoring in collaborative learning with a regulation macro script-an exploratory study[J]. InternationalJournal of Computer-Supported Collaborative Learning, 2017, 12(3): 251-279.

考和反思,也十分重要。无论是何种形式的学习,都需要学习者努力利用已有知识来处理新信息。如果学习者缺乏一定的认知努力,没有对问题进行一定的思考,很容易导致分享的内容不值得讨论,从而影响在线协作的效果。另一方面,协作的过程也会反作用于学习者,激励学习者对自己的参与作出相应的调整。例如,同伴的支持,教师的干预,或者讨论主题的转变。因此,能动参与需要关注学习者的学习信念、行为表现,以及自我反思。

事实上,很多原因影响着学习者的能动参与,其中很重要的一个因素便是学习信念。出于某些原因,部分学习者不愿意参与在线协作学习。例如,对学习的方式存在抵触情绪。他们对在线协作学习的满意度不高,或者认为这种方式并不能帮助自己获得提升。这些不利因素会直接导致学习者消极对待,即便他们有对问题进行思考,但既不分享观点,也不愿关注他人的想法,从而逐渐成为在线协作过程的边缘者。当然,还存在另一类情况,学习者愿意参与其中,但却不能及时地参与讨论。例如,观点与他人类似,观点表述较慢,思考时间较长。这类学习者在参与时也常常会遇到困难,需要得到他人的支持和帮助,否则很容易被迫边缘化。即使参与其中,他们也常常只是附和他人的观点,或者发布相同的帖子,并不能分享更多的信息。

可见,学习者不仅需要分享观点,还需要浏览他人的观点。发帖和读帖,也常常被认为是在线协作学习的基本参与行为。一方面,学习者需要积极地对问题、任务进行思考,从而获得自己的理解,以便进行观点的分享。正如 Lipponen 等人所言,发帖或分享观点是参与在线协作的主要行为投入,后续的社会互动等行为都需要以此为基础[1]。另一方面,学习者还需要关注他人的参与情况,尊重他人的观点。若观点不同,可以提出新的想法;观点相同时,则可以做进一步的思考。通过这种比较,学习者进行自我反思,调节自己的行为表现,从而找到合适的参与方式。

---

[1] Lipponen L, Rahikainen M, Lallimo J, Hakkarainen K. Patterns of participation and discourse in elementary students' computer-supported collaborative learning[J]. Learning and Instruction, 2003, 13(5):487-509.

具体而言,学习信念主要考察学习者对在线协作学习的态度和认知。学习者需要意识到协作学习与自主学习的不同,并且认可这种学习方式,才能有效地参与其中。这一点在钟志贤的评价量表中也做了专门的论述,二级指标的描述为"动机",具体包括"态度"和"情感"两个方面[1]。行为表现主要指的是学习者的参与行为或者旁观行为,与社会互动中的行为有所区别,下文对社会互动进行分析时会作进一步论述。在一般的编码框架中,参与行为被描述为"发帖",即记录在平台上的外显行为,以此来判断学习者是否发生了参与行为。但实际上,"浏览"同样是一种参与行为。这一指标常见于在线学习的研究中,并被作为影响学习效果的重要因素进行考虑。例如,MOOC 中浏览视频和文本的行为,可以通过数学建模分析,用于预测学习结果[2]。尽管浏览行为的分析需要依靠平台的访问日志,或者参与者的自我报告,但浏览他人的帖子,了解他人的观点的确有助于后续的互动,有必要进行考察。自我反思贯穿于学习的整个过程,包括反思自己的学习状态、讨论的过程等。例如,在石娟等人设计的网络协作学习评价框架中,二级指标包含"反思行为",以此作为学习表现的判断标准之一[3]。尽管通过讨论平台的文本记录并不能直观地考察自我反思,但它依然是学习者认知参与的重要表现。

2. 社会互动维度

根据社会建构主义学习理论,学习的关键在于社会互动。对于在线协作学习而言,则更加强调社会互动的重要性。首先,新观点、建设性的意见、不同的理解、同伴反馈都出现在社会互动的过程之中,这些对个人和小组的认知发展都具有重要的意义。其次,在与他人的分享、交流和讨论中,不仅包括认知的发展,例如知识和技能的提升,还包括社会-情感的发展,例如社交关系、共同体发展。但遗憾的是,大量的研究仅仅关注学习的认知层面,而对于社会-情感方面,则

---

[1] 钟志贤,曹东云.网络协作学习评价量规的开发[J].中国电化教育,2004(12):49-52.
[2] 牟智佳,武法提.MOOC 学习结果预测指标探索与学习群体特征分析[J].现代远程教育研究,2017(03):58-66+93.
[3] 石娟,黄洁.基于问题的 Web-CKB 的学习绩效内容体系的构建[J].现代教育技术,2011,21(04):84-87.

主要表现为非正式的考虑。教学设计也往往只关注社会互动对认知的促进,过于强调围绕任务主题进行讨论,甚至在许多的学习情境中,都持有类似的观点,即社会互动过程不应出现与学习任务无关的内容。学习者所要做的就是提问、回应、补充说明,从而帮助他人更好地理解观点,或者促进问题解决。

然而,这似乎造成了一些悖论。有效的社会互动需要学习者之间彼此信任,进而形成良好的人际关系,才能更好地进行知识建构。尤其是在线学习环境中,由于缺乏面对面的交流,学习者很难直接观察到他人的表情,只能透过文本的内容去感知他人的情绪。这种不确定性和模糊性会让学习者产生排斥的心理,在讨论过程中也会表现得较为拘谨。在线学习投入的研究也表明,与行为投入和认知投入相比,学习者的情感投入往往最低[①]。因此,更需要采取相应的措施进行弥补,从而促进社会-情感方面的发展。但这往往需要依赖于非任务情境下的社会互动,例如,简单的问候、表达幽默。尽管这些并不能直接促进认知的发展,但却能够发挥重要的作用。这也是为什么线下教室中学习者能够很好地进行讨论,但情境切换到在线平台时表现却截然不同。同时,社会-情感层面的发展还能够激励学习者的参与,通过调节互动的氛围,更好地营造学习共同体,从而促进认知层面的发展。

可见,社会互动不仅发生于任务情境中,也发生于非任务情境。Kreijins等人做了进一步的划分,结合社会互动发生的情境和维度构建了矩阵,如图3-5所示。

---

① 高洁.在线学业情绪对学习投入的影响——社会认知理论的视角[J].开放教育研究,2016,22(02):89-95.

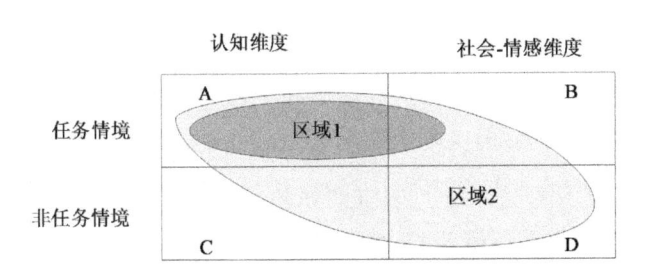

图 3-5 社会互动的情境和维度矩阵①

对于大部分研究而言,仅关注发生于区域1的社会互动,讨论的过程与学习内容密切相关,主要关注认知维度,对社会-情感维度仅存在少部分的关注。而本研究认为,非任务情境中同样存在社会互动,并且更加关注社会-情感维度,即区域2。

因此,在线协作学习中的社会互动既有围绕学习任务展开的互动,也有围绕社交和情感方面展开的互动,由此才能够让学习者与他人形成良好的人际关系,快速地营造学习共同体,从而实现彼此帮助,促进有效的社会互动。在近期的研究中也发现,越来越多的学者开始关注社会-情感领域。例如,Hernández-Sellés等人对互动、情感支持以及在线协作工具之间的关系进行了研究,结果表明情感支持对协作学习具有正向的促进作用②。

具体而言,对于社会互动的评价可以从三方面进行考虑,包括任务互动、情感互动、社会调节。任务互动强调围绕主题内容展开的讨论。在协作过程中,学习者需要围绕共同的问题或话题展开深入的讨论。在已有的框架中,常常通过"回帖""提问""解释""协商""交流"等术语进行描述。这些指标与简单的参与不同,参与仅限定于学习者发表观点、分享自己的见解,但却并没有在他人观点的基础上做进一步思考,即没有与他人形成二元关系,因而不具备互动的属性。只有当学习者与他人进行意见和观点的交换,或者提问和回答时,互动才真正地

---

① Kreijns K, Kirschner P A, & Vermeulen M. Social Aspects of CSCL Environments: A Research Framework[J]. Educational Psychologist, 2013, 48(4):229-242.

② Hernández-Sellés Nuria, Pablo-César Muñoz-Carril, González-Sanmamed Mercedes. Computer-supported collaborative learning: An analysis of the relationship between interaction, emotional support and online collaborative tools[J]. Computers & Education, 2019(138):1-12.

发生。这种区分也能够帮助学习者更好地理解现实的问题。大量的研究发现知识建构难以达到较高水平,且学习者表现更多的是分享行为。这也就意味着尽管学习者积极参与其中,但实际上缺乏有效的互动,自然无法达到理想的效果。因此,参与和互动存在明显的不同。同时,从这种区分中可以看出,任务互动的目的主要在于帮助他人理解观点,为他人提供观点改进的意见,从而生成多样的、有价值的观点或理论。

在线协作学习不仅是围绕任务和内容进行互动,还涉及情感互动方面。学习者必须在社会-情感方面做出努力,才能取得更好的效果,即学习者需要通过一些社交行为或活动来营造积极的协作氛围,以此来保障协作的顺利进行。这就要求学习者之间进行必要的社交互动,例如,表达积极的情绪,给予正面的评论和回复,表扬和认可同伴的贡献,由此也可以增强社会存在感,从而激励小组成员努力参与协作。相反,如果学习者传递出消极的情绪和情感,则会对小组凝聚力以及协作过程产生消极的影响[1]。社交互动能够帮助学习者找到归属感、信任感,从而更好地参与其中。由此可见,社交互动在社会互动中发挥了重要作用。

然而,任务和社交的互动并不足以确保有效的社会互动,还需要对这个过程进行一定的调节,从而维持有效的互动过程[2]。每个学习者需要对协作的过程具有共同的理解,即理解自己和他人分别扮演怎样的角色,需要表现怎样的行为。当然,在线协作学习是一个动态的过程,因此,这种共同理解也是动态的。托马塞洛将其称为联合注意(joint attention),其主要观点为,协作中的成员具有联合的目标,也能够共同关注协作的过程,从而产生联合的行为[3]。因此,当某个人产生发起行为时,即便没有明确的指示,他的同伴也能够知道下一步应该做什么,或者应该给予怎样的反馈。当一种恰当的互动或回应行为出现时,也就发

---

[1] Wilson J M, Straus S G, & McEvily B. All in due time: the development of trust in computermediated and face-to-face teams[J]. Organizational Behavior and Human Decision Processes, 2006(99):16-33.

[2] 陈向东,罗淳,张江翔. 共享调节:一种新的协作学习研究与实践框架[J]. 远程教育杂志,2019, 37(01):62-71.

[3] 迈克尔·托马塞洛. 人类思维的自然史:从人猿到社会人的心智进化之路[M]. 苏彦捷,译. 北京:北京师范大学出版社,2017:56-63.

生了联合注意。而越是成功的协作小组,联合注意发生的频率也就越高。这就要求学习者遵守共同的规则,根据一定的模式参与社会互动。

CSCL 的研究则强调通过社会调节(social regulation)来获得联合注意。社会调节源于自我调节(self regulation)[①],也可以称之为社会共享调节(Socially shared regulation),但它关注的重点不在于个人的行为表现,而是社会互动的过程。因此,其基本含义中把"我"转向为"我们",强调学习者共同分析问题、安排计划、监控过程,以及进行评估反思。对于在线协作而言,社会调节具有重要意义。换句话说,当小组成员能够就如何开展互动进行讨论时,小组的表现也会得到有效改善。此外,社会调节不仅包括与任务相关的互动,还包括社交相关的互动。王春丽的研究也提出需要对任务协调和社交协调维度进行分析[②]。因此,本研究认为,在社会互动维度,需要对社会调节方面进行考察。

3. 师生互动维度

尽管在线协作学习强调以学习者的社会互动为中心,但仍然需要得到教师的支持才能够取得更好的效果。但现实的问题是,教师并不十分明确如何有效地参与以学为中心的活动。在更多的时候,教师往往只是根据学习目标设计相关的活动,然后要求学生进行交流、讨论。尤其是开展在线协作学习活动时,教师常常扮演"甩手掌柜"的角色,只在发起讨论和验收结果时出现,而最为重要的互动过程却完全留给了学习者。由于教师角色和作用的缺失,常常导致学习者消极参与,甚至不愿参与在线协作学习,最终的结果也不尽如人意。

当然,即便如此,学习者依然可以顺利地完成学习任务,甚至取得较好的学习效果。但它严格来说已不属于在线协作学习的范畴,只能称为在线自主学习。并且,此举把教师的教和学生的学截然二分,而不是紧密关联,难以形成有效的师生互动。在关于师生互动的研究中,也对这一问题进行了反思。例如,江毅等人认为应从行为序列的角度对师生行为进行关联分析,以联系的观点来看待这

[①] Zimmerman B J. Becoming a self-regulated learner: an overview[J]. Theory into Practice, 2002, 41(2):65-70.

[②] 王春丽. 发展学习者协作能力的设计研究[D]. 上海:华东师范大学,2019.

一问题,进而判断师生互动的效果①。此外,一项关于 MOOC 论坛的研究发现,当教师对学习者的发帖进行回复后,学习者的认知发展水平得到了显著提高②。不过,值得注意的是,协作学习的效果并非与教师的参与度存在必然的正相关。如若教师对互动过程进行过度的干预,又反而会使得部分学习者认为自己的观点意义不大,尤其是小组中那些基础相对薄弱的学习者,更加容易产生这样的沮丧感,并逐渐对教师的"权威观点"产生依赖,成为"边缘参与者"③。

为此,已有研究者开始深入研究教师支持对在线协作的影响。例如,研究表明,教师的专业支持能够深化学习者之间的互动程度,促进有效的社会互动;但教师的情感支持既有可能产生正向的促进作用,也可能造成消极的影响④。不过,对于情感支持方面,也有研究者持有不同的观点,并且认为教师的情感支持能够有效地缓解学习者的倦怠感,从而取得更好的学习成就⑤。

尽管这些研究的最终结论不尽相同,但都在强调教师能够发挥积极的作用。差异的主要原因在于研究仅考虑了单一自变量与因变量的关系,却没有考虑更多的复杂因素或控制变量。确切地说,教师是否能够发挥积极的作用还取决于教师给予支持的时机。Coll César 等人专门针对这一问题进行了研究,并从学习内容、学术任务和社会互动三个维度详细探讨了教师应当如何给予恰当的支持和反馈⑥。研究结果指出,教师应该在学习者参与或者社会互动遇到问题时施

---

① 江毅,王炜,康苗苗.基于行为序列分析的师生互动效果研究[J].现代远距离教育,2019(06):53-61.

② 王泰,杨梅,刘炬红.慕课论坛中教师回复对学生认知发展的作用——基于布鲁姆认知分类学[J].开放教育研究,2020,26(02):102-110.

③ Raes A, Schellens T. The effects of teacher-led class interventions during technology-enhanced science inquiry on students' knowledge integration and basic need satisfaction[J]. Computers & Education, 2016, 92-93: 125-141.

④ 李玉顺,邹佳君,王屏萍.教师支持对在线学习者交互程度影响的研究——以高中语文学科"双课堂"教学为例[J].中国电化教育,2019(05):114-119.

⑤ 赵呈领,等.消除在线学习者倦怠:教师情感支持的影响研究[J].中国电化教育,2018(02):29-36.

⑥ Coll César, Rochera María José, de Gispert Ines. Supporting online collaborative learning in small groups: Teacher feedback on learning content, academic task and social participation[J]. Computers & Education, 2014(75):53-64.

加干预，从而产生正向的促进作用。例如，讨论偏离主题或者停滞不前时。而讨论正常进行时，教师应尽量避免施加干预，或者等待学习者主动提问时给予反馈。由此，凸显出对师生互动进行评价的重要性。

因此，在线协作学习需要教师转变知识传授者的角色，发挥设计、引导和促进的作用，为学习者提供学习支持服务。具体来说，通过师生互动，教师可以为学习者提供认知-内容方面的支持，以及社会-情感方面的支持。认知-内容支持主要强调解决讨论中的认知冲突，以及提供相关的信息资源，从而帮助学习者更好地理解观点和理论，促进深度讨论。社会-情感支持主要强调干预学习者的参与和互动过程，督促每个学习者积极地参与，并与他人进行讨论，同时给予情感的支持和反馈，例如，鼓励、表扬或认可，使学习者获得积极的情感体验。

4. 技术支持维度

在线协作学习需要借助一定的平台和工具，以支持学习者进行交流和讨论。在早期的研究中，技术工具对学习效果的影响受到较多关注。但这些研究的主要目的在于帮助教师选择有效的教学平台，并没有把技术工具对协作学习的支持作为重要变量进行考察。技术支持也常常被认为是教师支持中的一部分，例如，有研究认为，工具性支持仅仅是学习者感知到的教师支持行为中的一部分[1]。又或者，把技术支持认为是教学存在中的一部分[2]。这背后都存在着一种相似的观点，即技术工具只能由教师来进行选择、设计或提供。但Tchounikine却并不这样认为，他指出，在以往的CSCL情境中，尽管学习者被要求主动承担学习的责任，积极地参与互动，却不能选择交流工具，导致学习者的能动作用未能很好地发挥。因此，Tchounikine提出了一种新的观点，强调应让学习者有机会进行选择、更换、整合，得到最有助于在线协作学习的技术工具[3]。

本研究持有类似的观点，认为学习者应该参与技术工具的选择，更好地发挥能动者的作用，因而对"技术支持"单独进行考察。对于在线协作而言，学习者

---

[1] 蒋志辉，等.在线学习者感知的教师支持行为模型构建[J].中国电化教育，2018(11):103-110.
[2] 王洋，等.网络探究社区教学性存在测量框架[J].开放教育研究，2019,25(06):103-111.
[3] Tchounikine P. Learners' agency and CSCL technologies: towards an emancipatory perspective[J]. International Journal of Computer-Supported Collaborative Learning, 2019(14):237-250.

获取有效的交流工具是基本的保障。无论是同步互动还是异步互动,协作过程的流畅能够确保学习者及时获得同伴的支持和教师的反馈,从而维持在线协作学习的顺利进行[1]。当教师选择交流工具时,往往重视对认知发展的支持作用,例如学习管理系统、网络教学平台。但协作不仅需要认知互动,还需要社会-情感的互动。与支持认知类的工具相比,社交类的软件和工具更具优势。不过,教师往往更加慎重,担心学习者在互动中过于社交化,而不能专注于学习本身。这种担忧有其合理性,却未必是真实的。对于今天的学习者而言,他们成长于信息技术环境,也可以称之为"数字土著",相较而言,教师则更倾向于"数字移民",这必然导致师生对技术工具的认知差异。并且,数字环境一直是学习者学习、生活场所的一部分,他们有必要去适应不同技术环境下对学习的支持。因此,教师的忧虑可能并不是源于学习者注意力会被分散,而是源于无法确保自身对学习过程的掌控。

从某种意义上来说,当学习者拥有选择的机会时,也可以避免因排斥技术工具而对在线协作的参与和互动产生消极影响。当学习者"被迫"使用教师选择或者设计的技术工具时,则存在引起学习者抵触情绪的风险,进而影响到整个的协作学习过程。有研究者指出,应该考虑让学习者利用自己移动设备中已有的软件和应用来参与协作[2]。如此一来,学习者可以借助日常熟悉的软件和工具参与互动讨论,从而带来更好的体验。事实上,即便学习者选择了社交属性更强的技术工具,同样能够有效地支持和促进在线协作学习。并且,当学习者使用社交类工具进行互动时,不仅能够对内容进行讨论,还可以得到社会-情感方面的支持,从而获得更好的学习体验[3]。越来越多的教育者开始采用这些工具作为

---

[1] Ornellas A, Muñoz Carril P C. A methodological approach to support collaborative media creation in an e-learning higher education context[J]. Open Learning: The Journal of Open, Distance and e-Learning, 2014, 29(1): 59-71.

[2] Song Yanjie. Methodological Issues in Mobile Computer-Supported Collaborative Learning (mCSCL): What Methods, What to Measure and When to Measure? [J]. Journal of Educational Technology & Society, 2014, 17(4): 33-48.

[3] Hamid S, Waycott J, Kurnia S, & Chang S. Understanding students' perceptions of the benefits of online social networking use for teaching and learning[J]. Internet and Higher Education, 2015(26): 1-9.

传统认知平台的补充,甚至有的研究者在教育实践中完全依赖社交媒介的功能来设计和实现 CSCL 情境[1]。与此同时,随着技术的发展,大部分的平台和工具都能实现功能集成,既可以支持认知的互动,也能够支持社会-情感的互动。可见,学习者参与选择的技术工具同样能够发挥支持作用。

  因此,对于技术支持方面的评价,主要关注学习者使用平台工具的感知。根据技术接受模型(TAM),学习者是否愿意使用某种技术可以从易用性和有用性两个方面进行考虑[2]。感知易用指的是学习者认为使用技术工具进行在线协作的难易程度。如果学习者感知到技术工具的使用较为容易和方便,则会更容易接受在线协作的技术环境。感知有用指的是学习者认为技术工具对在线协作的促进作用。如果学习者感知到技术工具能够很好地支持他们查找资料,与同伴或教师进行交流,则会增强使用的意愿。由此,学习者能够感知到技术对在线协作的有效支持,从而积极地投入交流和讨论过程,取得更好的效果。

---

[1] Laru J, Näykki P, & Järvelä S. Supporting small-group learning using multiple Web 2.0 tools: A case study in the higher education context[J]. Internet and Higher Education, 2012, 15(1):29-38.

[2] Davis F D, Bagozzi R P, & Warshaw P R. User Acceptance of Computer Technology: A Comparison of Two Theoretical Models[J]. Management Science, 1989, 35(8):982-1003.

第四章
在线协作学习评价的指标设计与开发

在线协作学习是一种教与学的互动过程,对其评价需要进行多方面的考虑。本章内容主要围绕在线协作学习评价的可操作化而展开,构建合理的评价指标体系。首先,根据在线协作学习评价的 PSTI 理论框架,初步拟定评价指标;其次,采用德尔菲法进行专家咨询,对初步拟定的评价指标进行筛选;最后,结合层次分析法,对各级指标的重要程度进行区分,赋予指标权重。

一、在线协作学习评价的目的

对于在线协作学习的评价而言,其根本目的在于改进在线协作的过程,促进高水平知识建构的发生。因此,评价指标的设计与开发也同样需要服务于这一根本目的。

(一)改进在线协作的过程

纵观教育评价理论的发展历史,大致可以将其分为四个阶段:第一代教育评价以测量为主,强调考试和测验;第二代教育评价以描述为主,典型代表有泰勒模式;第三代教育评价以判断为主,更加多元化,典型的有斯塔弗尔比姆(Stufflebeam)的 CIPP 评价、斯克里文(Scriven)的目标游离评价、斯泰克(Stake)的应答式评价等;第四代教育评价对以往有所批判,强调接受响应式建构。从严格意义上来说,第四代评价并不是一种成熟的理论,但它提出了有价值的思想和观点,例如,"全面参与"和"协商共建"[1]。在线协作学习的评价已经经历了测量和描述的阶段,需要走向以判断为主的阶段,即强调通过深入分析在线协作学习的各个环节,发现其中可能存在的问题,并根据评价所反馈的信息进行有针对性的优化。

斯塔弗尔比姆认为,评价是为决策提供有用信息的过程,其最重要的目的不是为了证明,而是为了改进[2]。这种以改进为目的的评价也可以称之为促进学习的评价(Assessment for Learning),强调由总结性评价转向形成性评价[3]。确切地说,在线协作学习应侧重形成性评价。它要求尽可能地关注在线协作的过程,从中发现问题并进行改进。这与测量学习的评价(Assessment of Learning)有本质的区别,它并不是为了在学习结束后评定学习的绩效,而是为了帮助反馈和调整学习过程[4]。因此,评价需要对学习的过程进行关注。

在线协作学习的评价同样如此,其关键并不在于对学习的结果进行测量,而应该注重对学习过程的考查,并促进有效协作和互动。也正是基于这样的考虑,本研究构建的 PSTI 理论框架着重考察了在线协作学习的过程。相应地,设计在线协作学习的评价指标时,也应围绕学习者个人的能动参与、学习者之间的社会互动、师生之间的互动,以及技术提供的学习支持等方面进行综合考虑,合理地呈现在线协作的过程。

(二)实现高水平知识建构

在线协作学习评价的目的是有效地监控和改进在线协作的过程,最终实现高水平的知识建构。在以往的评价框架中,Gunawardena 的 IAM 分析框架可以用于编码分析协作讨论的内容,从而判断知识建构所处的水平,并以此评价在线协作学习成效的优劣和高低。它体现的是鉴定功能,并不是本研究中评价所要

---

[1] 陈如.教育评价模式与发展特征探析[J].江苏高教,2000(01):71-74.
[2] Stufflebeam D. L. The CIPP Model for Evaluation[M]// Kellaghan T., International Handbook of Educational Evaluation, Dordrecht: Kluwer Academic Publishers, 2003:34.
[3] Earl L, Katz S. Rethinking Classroom Assessment with Purpose in Mind[M]. Manitoba Education, Citizenship and Youth,2006:29-40.
[4] Earl L, Katz S. Rethinking Classroom Assessment with Purpose in Mind[M]. Manitoba Education, Citizenship and Youth,2006:65.

发挥的主要功能。相反,评价的改进功能应得到更多关注,通过不断地调节学习过程,提高知识建构的水平。

同时,在线协作学习的过程主要围绕学习者的交流和互动展开,因此,改进功能的实现也与学习者密不可分。确切地说,如果学习者不能作出相应的反馈,那么在线协作的过程很难得到改进。根据第四代教育评价"全面参与"的理念,在线协作学习评价的主体不仅仅是教师,也可以是学习者。对于学习者自身而言,需要不断地反思,了解当前学习的内容是什么,需要达到的目标是什么,以及互动过程存在什么问题。对于教师而言,要根据学习者的学习状态,调整教学策略,以满足学习者的需求,尤其是要将评价结果及时地反馈给学习者,让学习者了解当前学习存在的问题,并为学习者提供资源、改变教学策略,引导学习者参与互动和交流。通过教师评价、学生自评、同伴互评等方式,充分发挥评价的改进功能,使得在线协作更加顺畅,提高知识建构的水平。

并且,多主体参与评价还可以更好地发挥评价的导向和激励作用。某种意义上来说,评价本身便具有"指挥棒"的功能,可以规范教与学的行为。例如,评价的目的在于测量学习者知识的掌握程度,那么教与学的活动便会强调学习者尽可能多地掌握知识。此外,从评价的内容来看,评价的指标和权重同样具有重要意义。例如,写作这一指标在评价中所占权重更高,那么教与学便会着重在写作练习上投入时间和精力,相应地,投入在阅读方面的练习时间则相对较少。尤其是在师生共同参与评价时,不仅是教师,学习者也能够清楚地了解评价目的和评价标准,以此来规范和约束自己的参与及互动行为。因此,合理的评价能够帮助师生理解在线协作学习,并使他们朝着这一方向努力。同时,详细的指标及其权重,还能让师生共同关注教与学过程中的重要环节。由此,评价能够对在线协作学习产生更好的促进作用,实现高水平的知识建构。

二、在线协作学习评价指标的初步设计

前文已对在线协作学习的过程进行了详细的论述,并基于此构建了 PSTI 评价框架。为了更好地表征这一复杂过程,需要对评价框架做进一步的细化,制定

具体的评价指标,用于表征在线协作学习。

(一)在线协作学习评价指标的制定依据

通常来说,为了确保评价指标设计的科学合理性,需要一定的制定依据来加以保障。根据前文对在线协作学习的相关论述,评价指标的设计和开发主要依据以下几个方面:

首先,评价指标的构建应立足于探究社区理论。探究社区理论对认知存在、社会存在、教学存在三个方面做了强调。从认知存在来看,在线协作学习的评价指标应体现对学习者认知发展的关注。从社会存在来看,在线协作学习的评价指标应体现对社会-情感层面的关注,即学习者之间情感的交流、互动的良好氛围等方面。从教学存在来看,在线协作学习的评价指标应体现学习支持或学习管理。

其次,评价指标的构建应反映在线协作的过程。在线协作学习不仅包括学的过程,也包括教的过程,其本质仍然是一种教与学的活动。根据对这一过程的解构,可以从参与和互动两个方面去理解在线协作学习。并且,结合其中的关键要素,本研究在第三章构建了在线协作学习评价的理论框架,涵盖了学习者的参与、教师的参与、学习者与内容的互动、学习者与同伴的互动、学习者与教师的互动、学习者与技术的互动等方面。因此,评价指标也需要反映这些内容,从而呈现在线协作学习的过程。

最后,评价指标的构建需要借鉴相关的评价工具。已有的研究分别从不同的视角对在线协作学习的评价进行了关注,制定了相应的评价指标体系。除此之外,还有一些研究基于不同的理论视角,设置了相关的评价指标,这些指标也为本研究提供了参考和借鉴,详见表4-1。

表 4-1　CSCL 评价指标体系比较

作者	理论基础	一级指标	二级指标
李热爱[①]	发展性评价理论	学习态度	能够参与讨论、乐意接受任务、按时完成个人任务
		交流与协作能力	主动提问、倾听不同意见、清晰表达观点、与同伴友好相处、客观地自评和互评
		知识管理技能	高效地收集资料、恰当地加工资料、提供有价值的解决方案、自主学习课件和做学习记录
沈婵[②]	社会建构主义学习理论	认知交互	互动、建构、争辩
		情感交互	言语、符号
		教学交互	通知、指导、管理
李园乐[③]	群体动力学理论、过程理论、发展性评价理论	学生学习过程	交互、参与、态度、思维状态
		教师支持	角色定位、参与度、实时调控
		学习资料设计	任务类型、视觉效果、时效性、功能性
		协作平台技术	学习工具、教学工具
杨军[④]	社会建构主义学习理论、群体动力学理论	学习者的参与程度	在线时长、发言频度、独立发言数量、交互发言数量、发言贡献度
		学习者的交互关系	积极地相互依赖、交互以任务达成为导向、共创/共享交互成果
		学习者的认知发展	有效提问、批判性讨论、质疑性讨论
		学习者交互的实效性	发言多样化、发言具有发展性、发言具有聚焦性、发言具有创新性、个体学习效果和社会技能提升、协作任务解决程度

---

① 李热爱. 计算机支持的协作学习效果评价研究[D]. 南昌:江西财经大学,2009.
② 沈婵. 基于社会建构主义学习理论的 CSCL 质量研究[D]. 长沙:湖南师范大学,2010.
③ 李园乐. CSCL 环境下聋人大学生协作学习评价模型构建[D]. 长春:东北师范大学,2010.
④ 杨军. 基于同步对话的 CSCL 学习协同过程的评价指标与引导策略研究[D]. 北京:首都师范大学,2014.

续表

作者	理论基础	一级指标	二级指标
韩春玲[①]	社会建构主义学习理论	异步讨论态度	讨论基本表现(遵守纪律、积极参与)
		异步讨论参与度	行为参与(问题解决、资源利用)、认知参与(认知策略、元认知策略、资源管理)、情感参与(积极的情感体验、消极的情感体验)
		异步讨论表现度	社会存在水平(情感反应、衔接反应、交互反应)、知识建构水平(帖子质量、帖子数量)
		异步讨论贡献度	资料上传情况(上传次数、被浏览次数、被下载次数)、帖子利用率(发起讨论次数、讨论和提问被浏览及评价次数、提供解答次数、解答被采用次数)

(二)在线协作学习评价指标的筛选提炼

本研究基于探究社区理论,重点关注参与和互动方面,构建了包括能动参与、社会互动、师生互动、技术支持四个维度的在线协作学习评价理论框架。对于具体的评价指标而言,还需要通过参考相关资料,并结合专家咨询,初步确定一级、二级、三级评价指标,设计流程如图4-1所示。

---

① 韩春玲. 在线学习中异步讨论评价指标体系构建研究[D]. 兰州:西北师范大学,2018.

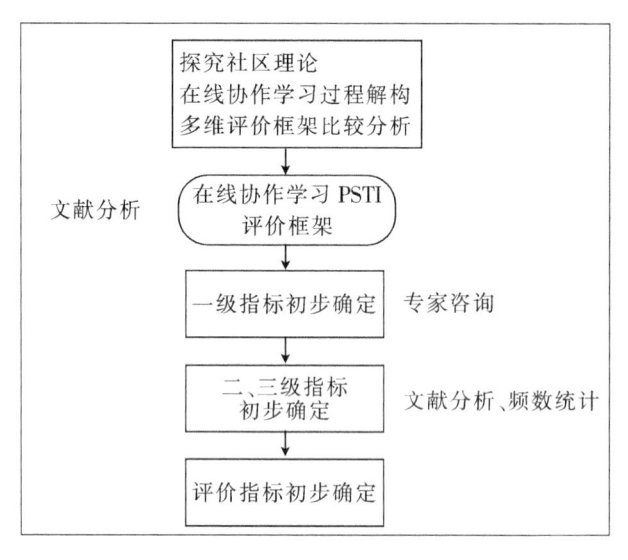

图 4-1 评价指标初步设计的流程

1. 一级指标初拟

在线协作学习强调深度参与和有效互动,这在以往的评价框架中得到了印证。基于本研究构建的 PSTI 评价框架,结合专家咨询意见,在线协作学习评价的一级指标初步确定为能动参与、社会互动、师生互动、技术支持。

2. 二级指标初拟

在初步确定一级指标的基础上,还需进一步细化评价指标,设计二级评价指标。

能动参与主要强调学习者个体能够积极地参与。在相关的研究中,首先,关注较多的方面为学习信念,相应的评价指标描述为"学习态度""异步讨论态度""意识""态度"等,强调学习者需要具备积极的参与意识或学习信念,愿意主动参与在线协作学习。其次,相关研究还关注学习者的行为表现,相应的评价指标描述为"总帖数""首帖数""跟帖数""分享信息""共享/比较""学习者的参与程度""异步讨论贡献度"等,强调学习者应表现出积极的行为,发表观点或者浏览他人的观点。最后,相关研究还关注学习者的独立思考,相应的评价指标描述有"反思""反思回顾""时刻反思"等,强调学习者能够在这个过程中积极地进行思考。因此,能动参与指标主要围绕三个二级指标进行细化,即学习信念、行为表现、独立思考。

　　社会互动主要强调学习者之间的有效交流和讨论。对于在线协作而言,这部分内容最为重要,相应的评价指标也较多。在相关的研究中,首先,关注较多的方面为任务互动,相应的评价指标描述包括"认知交互""交互质量""知识建构过程""知识建构水平""学习者的认知发展""学习者交互的实效性""问题解决能力"等。透过指标的具体含义可以发现,这些指标都强调的是学习者能够围绕学习主题或任务进行讨论,不断地生成和改进观点,从而达到高水平知识建构。其次,相关研究关注学习者之间的社交互动,相应的评价指标描述包括"社交互动与情感""社会存在水平""人际交互技能""交流与协作能力""情感交互""情感参与""归属感""信任感""互惠感""分享感"等。这些指标强调的是学习者能够不断地增强彼此之间的凝聚力,从而发展良好的学习共同体。最后,相关研究还关注社会调节方面,类似的评价指标包括"目标管理""成员管理""任务管理""时间管理""评估能力""任务协调"等,强调学习者能够共同制订学习计划,监控和调整学习过程,并对协作进行评估。因此,社会互动指标主要围绕三个二级指标进行细化,即任务互动、社交互动、社会调节。

　　师生互动主要强调教师对在线协作过程的干预和支持。已有的评价指标中,师生互动方面的内容涉及并不多,主要包括:教学交互(通知、指导、管理)、教师支持(角色定位、参与度、实时调控)、教师/指导者的作用(教学设计、管理、技术支持、助学、社交),以及学习资料设计等。这些评价指标反映出对师生互动方面的关注,涵盖内容设计、活动设计、教学管理、指导帮助以及情感支持等方面。关于在线教学的研究中,对教师提供的学习支持服务也从不同的维度进行了划分。例如,教师的自主支持、认知支持和情感支持都会影响学习者的在线学习投入[1]。此外,还有研究从准备投入、认知投入、情感投入三个维度构建教师教学投入的测评框架[2]。尽管"自主支持"和"准备投入"描述不同,但其基本含

---

[1] 刘斌,张文兰,刘君玲.教师支持对在线学习者学习投入的影响研究[J].电化教育研究,2017,38(11):63-68+80.

[2] 牟智佳,苏秀玲,严大虎.课堂环境下基于教学行为的教师教学投入度评测建模研究[J].现代远距离教育,2020(03):61-69.

义相似,都关注的是教师对教学活动的预先设计和安排,或者对教学资源和内容的预先设计和准备。而"认知支持"和"认知投入"的主要关注点相同,强调教师在教与学过程中采用的教学方法、策略,尤其强调提供专业的指导和帮助。同样,"情感支持"和"情感投入"主要关注教师与学习者之间进行情感层面的互动,从而给予学习者理解、认可和鼓励。结合在线协作学习的特点,师生互动指标可以围绕三个二级指标进行细化,包括问题设计、认知反馈和情感支持。其中,问题设计强调教师能够设计劣构问题激发学习者的兴趣,认知反馈强调为学习者的交流和讨论提供专业支持和反馈,情感支持强调鼓励学习者参与在线协作。

技术支持主要强调技术平台对在线协作学习的支持。从文献分析来看,在线协作学习评价对技术支持方面的关注主要体现在工具层面,例如,协作平台技术(学习工具、教学工具)。也有研究对技术支持的考察更加详细,包括平台的可用性、服务的有用性、容易访问、交流工具的有效性、技术支持的质量等方面[1]。这些指标呈现的是技术带给学习者的使用体验,被认为是影响学习者在线协作学习满意度的重要因素。那么,这也就意味着对技术支持的评价需要考虑技术工具是否能够便捷地获取,且容易使用,以及技术在支持在线协作学习方面的有效性。为此,技术支持指标可以围绕两个二级指标进行细化,分别是感知易用和感知有用。

3. 三级指标初拟

为了使评价指标更具可操作性,根据前面拟定的一级指标、二级指标,以及指标所表征的意义,需要对二级指标做进一步的细化。通过对文献中收集到的指标进行筛选和分析,初步设计了三级指标。最终,初步的指标体系框架包括4个一级指标、11个二级指标和34个三级指标。详见表4-2。

---

[1] Elia G, Solazzo G, Lorenzo G, et al. Assessing Learners' Satisfaction in Collaborative Online Courses through a Big Data approach[J]. Computers in Human Behavior, 2019(92):589-599.

表 4-2 在线协作学习评价指标体系框架(初稿)

一级指标	二级指标	三级指标
A 能动参与	A1 学习信念	A11 学习者愿意参与在线协作学习
		A12 学习者意识到在线协作对学习的促进作用
	A2 行为表现	A21 学习者积极分享自己的观点,例如发帖
		A22 学习者积极浏览他人的观点,例如读帖
	A3 独立思考	A31 学习者针对讨论的问题进行思考和分析
		A32 学习者针对不同的观点进行思考和分析
B 社会互动	B1 任务互动	B11 学习者从不同的视角分享自己的观点
		B12 学习者持续地进行提问质疑和解释说明
		B13 学习者提供新的资料以帮助改进观点
		B14 学习者发现和总结观点之间的联系
		B15 学习者交流的观点能与真实生活联系
	B2 社交互动	B21 学习者之间相互尊重和鼓励
		B22 学习者能够得到同伴的回应和帮助
		B23 学习者能够自由地表达观点
		B24 学习者的贡献能够得到他人的认可
	B3 社会调节	B31 学习者在协作中的角色和任务分配
		B32 学习者共同制订学习的目标和计划
		B33 学习者共同调整互动的方式和过程
		B34 学习者共同评估讨论的过程和结果

续表

一级指标	二级指标	三级指标
C 师生互动	C1 问题设计	C11 教师设计的问题能激发学习者的兴趣
		C12 教师设计的问题适合开展交流和讨论
	C2 认知反馈	C21 教师引导讨论而不是直接提供答案
		C22 教师及时地回应学习者提出的问题
		C23 教师为学习者的交流提供必要的材料
		C24 教师在学习者争执不下时进行调解
	C3 情感支持	C31 教师了解和关心每个学习者
		C32 教师督促学习者分享自己的观点
		C33 教师通过表扬或批评激励学习者参与互动
D 技术支持	D1 感知易用	D11 学习者喜欢使用讨论工具或平台进行学习
		D12 讨论工具或平台可以随时随地接入和使用
		D13 学习者熟悉讨论工具或平台的操作和功能
	D2 感知有用	D21 讨论工具或平台支持学习者查找相关资源
		D22 讨论工具或平台支持学习者开展交流讨论
		D23 讨论工具或平台支持学习者发展良好友谊

三、在线协作学习评价指标的专家验证

如前所述,本研究初步拟定了在线协作学习的评价指标,但指标的合理性、准确性仍有待进一步修订和验证。通过邀请若干名专家进行咨询,了解不同专家对初步拟定的在线协作学习评价指标体系框架的看法。

(一)咨询专家及问卷的确定

在专家的选择方面,为了能够保证专家的权威性,本研究主要通过两条路径进行选择。第一,通过文献进行查找。检索在线协作学习的相关文献,识别该研究领域发文数量较多、被引次数较多的研究者。第二,通过专家推荐。联系从事

在线协作学习相关研究的专家,并邀请其推荐相关专家名单。最终,综合两条路径的结果,确定15位专家。在初步确定的专家小组中,11位具有高级职称,2位具有副高级职称,2位具有中级职称,且均具有博士学位,详见表4-3。他们分别在CSCL、在线协作学习、知识建构、协作学习评价、虚拟学习社区等领域开展了相关的研究,并取得了重要的研究成果,能够为在线协作学习评价指标体系的修订和完善提供有价值的建议。

表4-3 专家基本情况

项目		人数	占比
教龄	31年及以上	2	13%
	21—30年	6	40%
	11—20年	4	27%
	10年以下	3	20%
职称	高级	11	74%
	副高级	2	13%
	中级	2	13%
学历	博士	15	100%
	硕士	0	0%
	本科	0	0%

本研究共开展两轮专家咨询,用于调查专家对在线协作学习评价指标体系的意见和建议。通常来说,经典的德尔菲法研究需要通过专家的意见来形成各级评价指标,而研究者仅仅是提供咨询主题或问题,即研究者没有预设评价指标,所有的一级指标、二级指标、三级指标都由专家来制定。但这种做法容易导致评价指标的分散,难以组织有效的专家咨询。在实际的操作过程中,大多数的研究者会预先设置评价指标,提供结构化的问卷供专家参考和评议。其最大的优点在于提供共同知识基础,专家们的意见便不会过于分散,可以围绕一定范围的指标进行判断,增加研究结果的准确性。不过,这种做法也存在一些缺陷,在设置评价指标时会受到研究者专业水平和科研素养的限制,使评价指标或多或

少反映的是研究者的观点,而专家咨询只能发挥量化的作用①。为了弥补这一缺陷,当研究者预设评价指标时,需要让专家对评价指标进行补充、删减和修改。

因此,第一轮专家咨询问卷的主要内容包括咨询目的、指标体系基本情况、专家基本情况调查、问卷填写说明、在线协作学习评价指标评议等部分,详见附录一。第一轮专家咨询的目的在于对初步拟定的评价指标体系框架进行修订和完善,包括:其一,指标的重要程度评议,判断指标在多大程度上表征在线协作学习,分为四个等级,1代表不重要、2代表一般、3代表重要、4代表非常重要。其二,指标的描述评议,判断指标描述是否准确,例如用词、语法等方面,并提出相应的修改建议。其三,指标的归属评议,判断各级指标是否全面和恰当,提出增加、删减、合并指标的修改建议。

基于第一轮咨询的结果,综合考虑专家的意见和建议进行修正和完善,从而生成第二轮专家咨询问卷。问卷内容主要包括修订后的在线协作学习评价指标体系框架,详见附录二。第二轮专家咨询旨在向专家反馈第一轮的分析结果,并进一步修订和确认评价指标。

(二)第一轮指标修订过程及结果

在第一轮专家咨询的过程中,咨询问卷通过电子邮件向专家小组中的专家成员发放,共发放15份。最终,回收专家反馈意见13份,专家积极系数为13/15≈87%,表明专家对在线协作学习这一主题较为关注,参与的积极性较高。从整体的反馈结果来看,专家们对评价指标体系持肯定态度,认为大部分的评价指标都是很重要或者重要的。此外,专家们也对部分评价指标提出了修改、删除、合并、增加等意见。以下结合具体数据分析做详细说明。

1. 专家意见集中程度

通常来说,专家意见集中程度可以通过均值、中位数以及上四分位数(Q^+)与下四分位数(Q^-)之差(Q^+-Q^-)进行表示。当均值越大时,说明专家们认为某一指标越重要。当通过四分位数的差值来判断专家意见集中程度时,还需要考

---

① 曾照云,程晓康.德尔菲法应用研究中存在的问题分析——基于38种CSSCI(2014-2015)来源期刊[J].图书情报工作,2016,60(16):116-120.

虑问卷的填答数值,基准数值计算公式为 $a(a_n - a_1)$。其中,a_n 为最大填答值,a_1 为最小填答值。在本研究中,a 的取值为 0.35,专家咨询评议分为四个等级,评分最高为 $a_n = 4$,最低为 $a_1 = 1$,那么,专家意见集中程度判断的基准数值为 $a(a_n - a_1) = 1.05$。因此,当 $(Q^+ - Q^-) = 0$ 时,专家意见集中程度最好;当 $0 < (Q^+ - Q^-) < 1.05$ 时,专家意见集中程度良好;当 $1.05 \leq (Q^+ - Q^-) \leq 1.5$ 时,专家意见集中程度一般;当 $(Q^+ - Q^-) > 1.5$ 时,专家意见集中程度较差,其均值和中位数代表的意义不可接受。在线协作学习评价指标体系第一轮咨询结果见表4-4。

表4-4 第一轮专家意见集中程度结果

二级指标	三级指标	均值	中位数	标准差	变异系数	Q^+	Q^-	$Q^+ - Q^-$
A1 学习信念	A11 学习者愿意参与在线协作学习	3.92	4	0.04	0.01	4	4	0
	A12 学习者意识到在线协作对学习的促进作用	3.54	4	0.22	0.06	4	3	1
A2 行为表现	A21 学习者积极分享自己的观点,例如发帖	3.62	4	0.29	0.08	4	4	0
	A22 学习者积极浏览他人的观点,例如读帖	3.54	4	0.30	0.09	4	3	1
A3 独立思考	A31 学习者针对讨论的问题进行思考和分析	3.46	4	0.47	0.14	4	3	1
	A32 学习者针对不同的观点进行思考和分析	3.54	4	0.38	0.11	4	3	1

续表

二级指标	三级指标	均值	中位数	标准差	变异系数	Q^+	Q^-	Q^+-Q^-
B1 任务互动	B11 学习者从不同的视角分享自己的观点	3.39	4	0.29	0.09	4	3	1
	B12 学习者持续地进行提问质疑和解释说明	3.54	4	0.30	0.09	4	3	1
	B13 学习者提供新的资料以帮助改进观点	3.62	4	0.13	0.04	4	3	1
	B14 学习者总结和发现观点之间的联系	3.85	4	0.07	0.02	4	4	0
	B15 学习者交流的观点能与真实生活联系	3.39	3	0.21	0.06	4	3	1
B2 社交互动	B21 学习者之间相互尊重和鼓励	3.46	4	0.38	0.11	4	3	1
	B22 学习者能够得到同伴的回应和帮助	3.46	4	0.22	0.06	4	3	1
	B23 学习者能够自由地表达观点	3.54	4	0.22	0.06	4	3	1
	B24 学习者的贡献能够得到他人的认可	3.23	3	0.18	0.06	4	3	1

续表

二级指标	三级指标	均值	中位数	标准差	变异系数	Q⁺	Q⁻	Q⁺-Q⁻
B3 社会调节	B31 学习者在协作中的角色和任务分配	3.15	3	0.40	0.13	4	2	2
	B32 学习者共同制订学习的目标和计划	3.62	4	0.13	0.04	4	3	1
	B33 学习者共同调整互动的方式和过程	3.31	3	0.37	0.11	4	3	1
	B34 学习者共同评估讨论的过程和结果	3.62	4	0.13	0.04	4	3	1
C1 问题设计	C11 教师设计的问题能激发学习者的兴趣	3.31	3	0.28	0.09	4	3	1
	C12 教师设计的问题适合开展交流和讨论	3.54	4	0.13	0.04	4	3	1
C2 认知反馈	C21 教师引导讨论而不是直接提供答案	3.85	4	0.07	0.02	4	4	0
	C22 教师及时地回应学习者提出的问题	3.39	4	0.29	0.09	4	3	1
	C23 教师为学习者的交流提供必要的材料	3.31	3	0.28	0.09	4	3	1
	C24 教师在学习者争执不下时进行调解	3.23	3	0.26	0.08	4	3	1

续表

二级指标	三级指标	均值	中位数	标准差	变异系数	Q⁺	Q⁻	Q⁺-Q⁻
C3 情感支持	C31 教师了解和关心每个学习者	3.31	4	0.37	0.11	4	3	1
	C32 教师督促学习者分享自己的观点	2.92	3	0.46	0.16	4	2	2
	C33 教师通过表扬或批评激励学习者参与互动	2.92	3	0.62	0.21	4	2	2
D1 感知易用	D11 学习者喜欢使用讨论工具或平台进行学习	2.92	3	0.62	0.21	4	2	2
	D12 讨论工具或平台可以随时随地接入和使用	3.62	4	0.21	0.06	4	3	1
	D13 学习者熟悉讨论工具或平台的操作和功能	3.54	4	0.30	0.09	4	3	1
D2 感知有用	D21 讨论工具或平台支持学习者查找相关资源	3.62	4	0.13	0.04	4	3	1
	D22 讨论工具或平台支持学习者开展交流讨论	3.62	4	0.21	0.06	4	3	1
	D23 讨论工具或平台支持学习者发展良好友谊	2.85	3	0.32	0.11	3	3	0

其中,指标得分均值大于3的有30个,占比约88%,其余4个指标得分小于3,占比约12%。由此可见,大部分初步拟定的评价指标都较为重要,适合用于在线协作学习的评价。同时,在考虑得分均值的基础上,还可以进一步分析变异系数。变异系数为标准差与均值的比值,通常来说,应该小于0.15,否则可以认为评分数据存在异常,即专家对指标重要程度的看法存在较大的分歧。若变异系数越小,则说明专家们的意见越收敛,专家咨询的反馈过程趋于结束。结合表中

数据可知,变异系数大于0.15的只有3个指标,且均值小于3,即"C32""C33""D11"。由此可见,评价指标的均值能够基本反映专家们的共同看法,并没有出现较大的意见分歧。此外,结合(Q^+-Q^-)的值反映出的专家意见集中程度如下:

(Q^+-Q^-)值为0的指标共有5个,专家的意见集中程度最好。其中,"A11学习者愿意参与在线协作学习""A21学习者积极分享自己的观点,例如发帖""B14学习者总结和发现观点之间的联系""C21教师引导讨论而不是直接提供答案"4个指标的均值都大于3.5,中位数为4;而"D23讨论工具或平台支持学习者发展良好友谊"指标的均值则小于3,中位数为3。由此说明,专家们对这5个评价指标的意见很集中,前4个可以考虑保留,而最后一个应考虑修改或删除。

(Q^+-Q^-)值为1的指标共有25个,专家的意见集中程度良好。其中包括"A12学习者意识到在线协作对学习的促进作用""B11学习者从不同的视角分享自己的观点"等评价指标。这些评价指标的均值大部分都在3.5以上,且中位数大多为4,得到了专家的共同认可。从数据结果来看,可以考虑保留这些评价指标。

(Q^+-Q^-)值为2的指标共有4个,专家的意见集中程度较差。其中包括"B31学习者在协作中的角色和任务分配",以及均值小于3的三个评价指标。并且,这些评价指标的中位数均为3。从数据结果来看,需要考虑进行修改或删除。

综合上述,可以对评价指标体系做基本的判断,并进行初步的整理。但还不能系统地修订,需要结合专家的意见和建议,对评价指标体系进行修改、删除、合并、增加等处理。

2. 专家意见整理及指标修订

从专家意见的整体情况来看,主要关注对三级评价指标的修订,对二级评价指标、一级评价指标较为认可,修改建议较少,以下进行详细阐述。

(1)三级指标的删除。

关于"B31学习者在协作中的角色和任务分配"指标,专家E1认为描述有歧义，建议准确用语。专家E2认为评价指标不明确，且通常小组角色和任务的分配需要依赖教师的参与。专家E5认为该指标在描述上不容易理解，无法确定它是否代表要求学习者勇于承担角色和任务。因此，该三级指标的归属可能存在问题。同时，(Q^+-Q^-)值为2，专家意见集中程度较差，故对该指标做删除处理。

关于"C33 教师通过表扬或批评激励学习者参与互动"指标，专家E1认为它与指标"C32 教师督促学习者分享自己的观点"的意义相近，建议删除。此外，专家E6建议将指标"C32"和"C33"进行合并。结合评分数据来看，指标"C32"得分均值为2.92，变异系数为0.21，(Q^+-Q^-)值为2，其重要程度介于"一般"与"重要"之间，专家意见也存在较大分歧，故对该指标做删除处理。

关于"D11 学习者喜欢使用讨论工具或平台进行学习"指标，专家E4认为，未必需要强调学习者喜欢讨论平台，更多还是应该注重工具的功能特点，只需便于使用，且学习者熟悉操作即可，因此，建议删除。专家E3也给出了删除建议。同时，该指标的得分均值为2.92，变异系数为0.21，(Q^+-Q^-)值为2，其重要程度介于"一般"与"重要"之间，专家意见也存在较大分歧，故对该指标做删除处理。

关于"D23 讨论工具或平台支持学习者发展良好友谊"指标，专家E1认为该指标与本研究并无太大的关联，建议删除。专家E4指出，讨论工具并不能直接作用于友谊的发展，更多还是人与人之间的交流和感受，因此，也建议删除这一指标。其他专家虽然没有给出明确的删除建议，但该指标的得分均值为2.85，在所有评价指标中最低，说明专家们对其重要性持质疑的态度。故而，对该指标做删除处理。

（2）三级指标修订。

关于"A21 学习者积极分享自己的观点，例如发帖"指标和"A22 学习者积极浏览他人的观点，例如读帖"指标，专家E4和专家E7建议将二者进行合并。专家E1和专家E3还认为，如果在指标的描述中出现了"发帖"和"读帖"，则还应考虑增加与"回帖"相关的评价指标。此外，专家E4认为，"B11 学习者从不同的视角分享自己的观点"指标也具有分享观点的含义，与"A21"指标之间的界限较为模糊。

关于"A31 学习者针对讨论的问题进行思考和分析"指标和"A32 学习者针对不同的观点进行思考和分析"指标,专家 E5 和专家 E7 认为,二者都是学习者的思考过程,彼此之间的界限很难把握,建议将二者进行合并。同时,专家 E8 指出,对不同观点进行思考(A32)与浏览他人的观点(A22)之间也很难做清晰的界定。此外,专家 E1 认为,学习者的思考方面还应考虑在已有观点基础上提出新的观点,从而反映自身或同伴的认知发展。

关于"B11 学习者从不同的视角分享自己的观点"指标,专家 E2 和 E4 都认为指标的描述不够准确。尤其是关于"不同视角"的问题,在实际操作中很难去把握。并且,"不同"是一种总体的视角,但对每一个学习者来说,他们的理解和认识都是独特的。因此,只要学习者能够在个人知识建构的基础上分享自己的观点,即便观点相近,仍然可以体现"不同"视角。因此,建议修改为"学习者分享自己的观点"。同时,这种分享强调基于学习者个人的独立思考。

基于上述分析,需要对这 5 个评价指标进行相应的修改,仅保留其主要内容。其一,强调学习者对问题进行思考,并且分享自己的观点。其二,强调学习者对他人观点进行思考,并且引发个人的认知发展。以上两点突出的是学习者参与在线协作的基本环节,主要强调的是学习者与内容、观点之间的互动。但"回帖"相关的内容更加具有人际互动的属性,体现的是学习者对他人的主动回应,因此考虑将其纳入社会互动的范畴。最终,经过指标的合并,以及指标归属的调整,得到两个评价指标,分别是"A21 学习者积极思考分享自己的观点"和"A22 学习者采纳他人观点并产生新的理解"。

关于"B21 学习者之间相互尊重和鼓励""B22 学习者能够得到同伴的回应和帮助""B23 学习者能够自由地表达观点""B24 学习者的贡献能够得到他人的认可"评价指标,专家 E2 和专家 E5 指出,指标的描述方面存在一些问题,需要进行相应的修改。尤其是指标描述中采用的"能够"这一词语,强调的是在线协作氛围对学习者的能动作用,但学习者本身在主观层面却很难进行把握和掌控。那么,这样的指标在实际的评价实施过程中就很难发挥作用。并且,评价应该聚焦协作过程本身,但上述指标却更多地只能表现出每个学习者对在线协作氛围的感知。因此,结合专家的相关意见,对上述 4 个指标的表述进行修改。最后,得到新的评价指标,分别是"B21 学习者鼓励同伴参与在线协作""B22 学习者理解和尊重在线协作的同伴""B23 学习者自由地与同伴进行交流""B24 学习者认可他人的观点或贡献"。

关于"C22 教师及时地回应学习者提出的问题"指标,专家 E4 和专家 E5 认为其中的"及时"用词不当,并且,在线协作学习过程中,教师未必能够做到及时回复,尤其是在异步讨论的环境中。此外,专家 E7 指出,"C23 教师为学习者的交流提供必要的材料"指标中的"必要"一词也存在表述不恰当的问题,实际操作过程不容易进行区分,建议评价指标中不要出现需要再次界定的词语。因此,这两个指标的表述分别修改为"C22 教师在线回复学习者的问题和求助"和"C23 教师为学习者提供在线学习资源"。

关于"C32 教师督促学习者分享自己的观点"指标,专家 E4、专家 E5 和专家 E6 都提出了修改建议,认为"督促"表述不太恰当,可以更改为"鼓励",从而更好地契合教师情感支持的表达方式。同时,专家 E4 认为还应该增加一个评价指标,侧重教师认可学习者的参与和表现,例如置顶优质的帖子,给学习者的发言点赞,汇总展示优秀的回答等。因此,指标"C32"的表述修改为"C32 教师鼓励学习者参与在线协作"。此外,增加评价指标"教师认可学习者的在线协作表现"。

(3)第一轮修订总结。

除了上述建议外,还有专家对评价指标提出了一些疑问。例如,师生互动方面,评价指标的设置没有很好地体现出"在线协作学习"的特征,使其区别于一般的"协作学习"。为此,本研究对该部分三级评价指标的描述进行了相应的修改。同时,"在线"并没有改变师生互动的本质,它仍然是教师对学习者协作过程的支持。因此,评价指标的具体内涵没有过多修改,仍然进行了保留。

综合以上专家建议,第一轮的修订对部分评价指标进行了删除、合并、归属调整,以及表述修改,也增加了相应的评价指标。同时,鉴于部分三级指标的删除和合并,并参考专家 E4 的建议,对部分二级评价指标也进行了修订,即合并二级评价指标"A2 行为表现"与"A3 独立思考"。根据指标所呈现的主要意义,将合并后的指标描述为"A2 独立思考"。关于一级评价指标方面,得到了专家们的共同认可,指标描述等方面未做修订。最终,经过第一轮专家咨询,在线协作学习的评价指标体系框架保留 4 个一级评价指标,10 个二级评价指标,28 个三级评价指标。

(三) 第二轮指标修订过程及结果

在第一轮专家咨询之后,通过分析数据结果,对评价指标体系框架中的各级指标进行相应的修订,以此形成第二轮专家咨询问卷,详见附录二。在第二轮的专家咨询过程中,对第一轮专家咨询的建议进行了回应和反馈,并邀请专家对修订后的评价指标体系框架再次做出判断和评议。

由于第一轮专家咨询存在部分专家没有进行回应,为了更好地保证咨询结果的有效性,本轮专家咨询仅选择了第一轮进行了回应的 13 位专家。本轮专家咨询同样采用电子邮件的形式向专家发放问卷,共发放 13 份,回收到有效专家反馈意见 10 份,专家积极系数为 10/13≈77%。由此,说明专家们对在线协作学习评价的关注。

从得分均值来看,在线协作学习评价指标体系框架中的 28 个三级评价指标的得分都在 3 分以上,占比 100%。由此可见,经过第一轮修订后的评价指标得到了专家们的认可。同时,结合变异系数来看,仅有 4 个评价指标的变异系数值达到 0.10,其余皆小于 0.10。这表明,专家对指标重要程度的评分没有出现较大的分歧。

同时,(Q^+-Q^-)的值为 0 的评价指标增加到 7 个,这些指标的专家意见集中程度最高。(Q^+-Q^-)值为 0.75 的有 5 个,(Q^+-Q^-)值为 1 的有 16 个,这些指标的专家意见集中程度较高。由此可知,所有评价指标(Q^+-Q^-)值都小于 1.05,专家意见集中程度均达到了可接受的水平。并且,从中位数来看,仅有 2 个评价指标得分中位数为 3,7 个指标得分中位数为 3.5,其余评价指标的得分中位数皆为 4。可见,专家对评价指标体系框架的意见较为集中。

除此之外,专家们在反馈的建议中也提出了一些疑问。例如,关于评价指标"D22 讨论工具或平台支持学习者开展交流讨论",有专家认为讨论工具和平台都是可以支持学习者进行交流的,因此,对该评价指标存在疑虑。确切地说,能够用于在线协作学习的工具或平台,或多或少都具备交流和沟通的功能。也正因如此,更需要对这方面进行评价。在实际的应用过程中,并非所有的平台和工具都能够很好地发挥这一功能。例如,一些平台存在访问权限的问题,即便它的功能完善,但并没有公开访问权限,仍然会影响师生的实际使用。因此,这一指标的主要目的并不是强调讨论工具或平台的具体功能,而是实际使用过程中学习者的用户体验,即评价学习者感知其有用的程度。

综合上述数据分析可知,在第二轮专家咨询中,评价指标得分均值较高,由此说明这些指标对于在线协作学习评价而言都具有重要意义。专家意见集中程度较高,由此说明评价指标体系框架得到了大部分专家的共同认可。当然,部分专家存在一些不同的看法,但结合第二轮咨询反馈的具体修改意见来看,专家们对在线协作学习评价指标体系框架还是持认可态度的。并且,与第一轮相比,所有指标的变异系数都达到了可接受的范围,说明专家们的意见没有存在较大分歧,可以结束咨询。因此,本研究进行了两轮的专家咨询,并采用第二轮专家咨询的结果用于评价在线协作学习。

(四)专家权威程度分析

上文从职称、学历、专业等方面对专家的基本情况进行了介绍,可以在某种程度上确保专家咨询的可靠性。此外,还可以通过专家权威程度(Cr)做进一步分析,这也是德尔菲法研究中用于判断可靠性的常见参数①。一般来说,专家权威程度主要依赖于专家的自我评价,包括:专家对咨询问题的熟悉程度(Cs),专家判断咨询问题的依据(Ca)。专家权威程度越高,则意味着专家意见越有价值,评议结果越可靠。专家权威程度等于专家熟悉程度(Cs)与专家判断依据(Ca)的算术平均数,计算公式为:$Cr = (Cs + Ca)/2$。

---

① 郑旭东. 面向我国中小学教师的数字胜任力模型构建及应用研究[D]. 上海:华东师范大学,2019.

专家熟悉程度(Cs)分为五个等级,可以通过量化赋值进行表示,详见表4-5,计算公式为:Cs(单个专家)=评分赋值,Cs(所有专家)=∑Cs(单个专家)/专家人数。专家判断咨询问题的依据(Ca)分为四种,结合其对专家判断的影响程度分别进行量化赋值,详表4-6,计算公式为:Ca(单个专家)=∑判断依据赋值,Ca(所有专家)=∑Ca(单个专家)/专家人数。

表4-5 专家对咨询问题的熟悉程度系数

熟悉程度	赋值
很熟悉	1
熟悉	0.8
一般熟悉	0.5
不熟悉	0.2
很不熟悉	0

表4-6 专家对咨询问题判断依据系数

判断依据	对专家判断的影响程度		
	大	中	小
对国内外的相关了解	0.1	0.1	0.1
实践(工作)经验	0.5	0.4	0.3
理论分析	0.3	0.2	0.1
直观感觉	0.1	0.1	0.1

根据专家反馈意见的统计,得到10位专家对在线协作学习评价这一问题的熟悉程度分布情况,如图4-2所示。经过计算可知,专家对咨询问题的熟悉程度值为:Cs=(1+1+1+1+1+0.8+0.8+0.8+0.8+0.5)/10=0.87,即Cs=0.87。

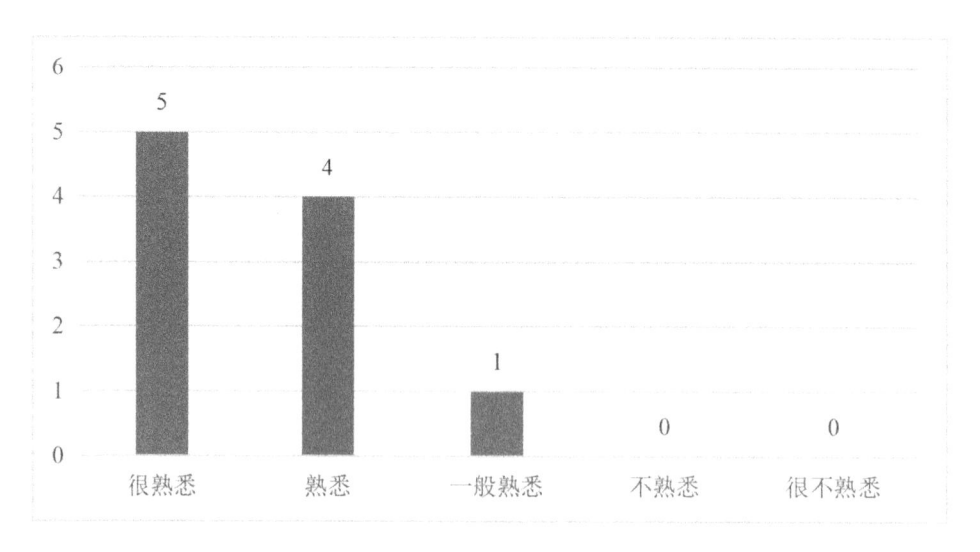

图 4-2　专家熟悉程度分布情况

同样,根据统计结果,得到 10 位专家对在线协作学习评价指标判断依据的分布情况,如图 4-3 所示。经过计算可知,专家对咨询问题的判断依据值为:Ca =(1+4.4+2.4+1)/10=0.88,即 Ca=0.88。

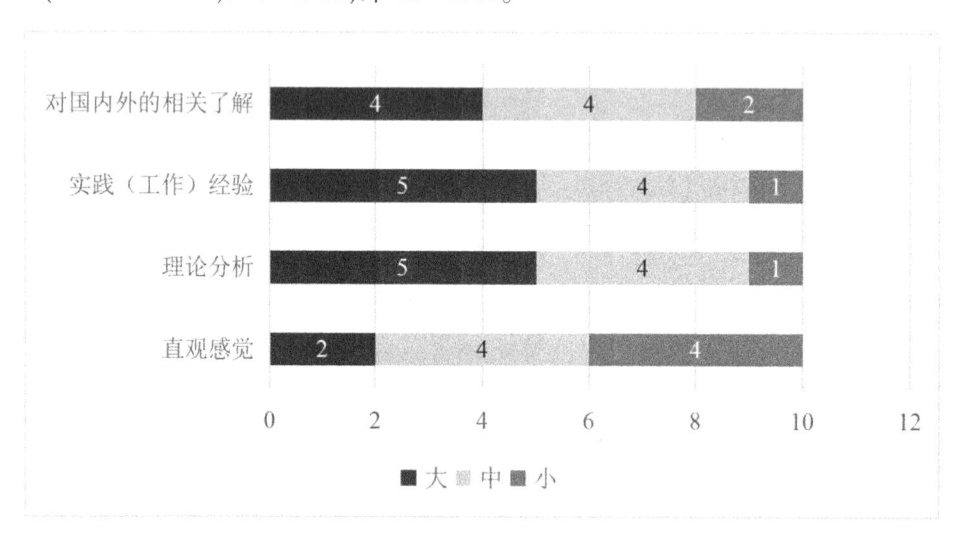

图 4-3　专家判断依据分布情况

综上所述,专家权威程度的均值为:Cr =(Cs + Ca)/2 = (0.87+0.88)/2 = 0.875。由此可见,这 10 位专家的权威程度较高,能够确保专家咨询结果的可靠性。因此,可以认为本研究构建的评价指标体系具有可靠性,能够用于评价在线协作学习。

四、在线协作学习评价指标的权重计算

根据指标的权重,师生能更加清楚地了解在线协作学习过程中的重要环节,并进行着重关注。为此,有必要对在线协作学习评价指标的权重进行分析和计算,这也是对在线协作学习评价指标体系的进一步完善。

通常来说,评价指标权重的确定方法包括:德尔菲法、层次分析法(AHP)、主成分分析法、因子分析法等[①]。本研究中主要采用层次分析法来确定在线协作学习评价指标框架中各级指标的权重。该方法本质上是一种定量与定性相结合的决策分析方法,能够帮助人们在复杂的问题情境中做出决策。在实际的运用过程中,层次分析法大致包含四个基本步骤:第一,根据研究问题,建立层次结构模型;第二,构建两两比较的判断矩阵;第三,计算被比较指标的相对权重;第四,计算各级指标的组合权重[②]。

同时,为了获取层次分析法所需的数据,本研究邀请参与了第二轮专家咨询的10位专家对评价指标进行权重比较和判断,包括一级评价指标之间重要性的比较、二级评价指标之间重要性的比较,以及三级指标重要性的排序。根据专家们的计分情况,计算出各级评价指标的权重,并进行专家判断矩阵一致性检验,最终得到在线协作学习评价指标权重。

(一)在线协作学习评价的层次结构模型

在AHP的运用过程中,最重要的一个步骤就是建立层次结构模型,把一个复杂问题分解为若干元素,并按照一定的标准对这些元素进行分类分组。其中,相同层次的因素作为准则层,支配下一层次的某些元素,同时也受到上一层次某些元素的支配,这种从上至下的支配关系形成递阶层次。根据前文分析,本研究

[①] 高强,丁慧媛.沿海地区适度规模现代农业发展水平测算——基于多种权重计算方法[J].山西财经大学学报,2012,34(01):41-51.

[②] 许树柏.实用决策方法:层次分析法原理[M].天津:天津大学出版社,1988:6-13.

构建了如图 4-4 所示的在线协作学习评价的层次结构。

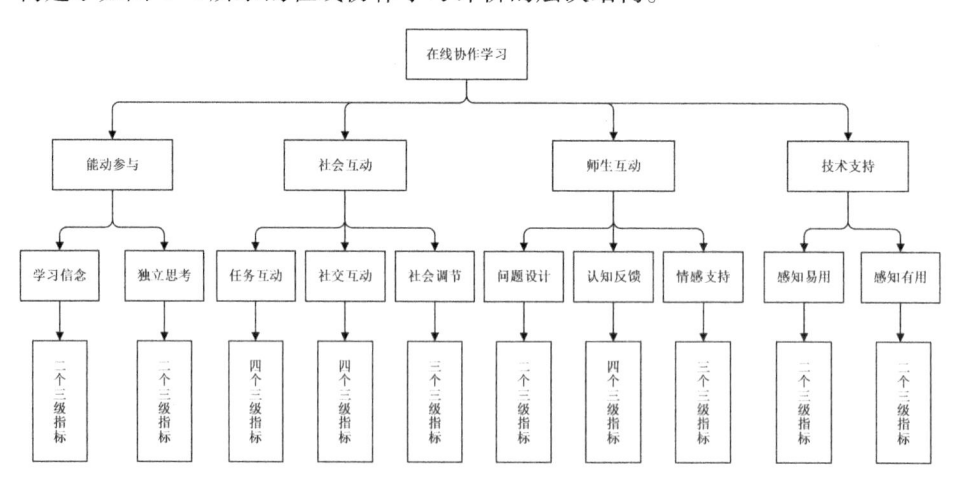

图 4-4 在线协作学习评价的层次结构模型

从图中可知,最上层为在线协作学习,即目标层;下一层为准则层,包括四个一级评价指标,分别是能动参与、社会互动、师生互动和技术支持;第三层则为子准则层,共包括 10 个二级评价指标。其中能动参与包括学习信念和独立思考两个指标,社会互动包括任务互动、社交互动和社会调节三个指标,师生互动包括问题设计、认知反馈和情感支持三个指标,技术支持包括感知易用和感知有用两个指标。最下层为方案层,包括 28 个三级评价指标,分别对应子准则层中的 10 个评价指标。

(二)在线协作学习评价指标的判断矩阵

在建构层次结构模型以后,指标之间的隶属关系便得以确认。但是,要直接得到各个指标的权重却并不容易。层次分析法采用的是两两比较的方法,以此来获得指标的权重。为了能更好地对评价指标进行比较和判断,需要进一步构建评价指标的判断矩阵。由此,专家们便可以依据评价指标的重要性程度进行两两比较。在两两比较的过程中,需要通过赋值的方式加以量化判断,常用的赋值表有五级标度、七级标度和九级标度等。其中,1-9 的标度方式最常被采用,它更适合于思维判断的量化过程①。因此,本研究采用九级标度,赋值分别为1、3、5、7、9,以及介于中间值的2、4、6、8,赋值及其对应含义见表4-7。

表4-7 赋值标度及其含义

重要性级别	含义	说明
1	同样重要	两个指标具有同等的重要性
3	稍微重要	两个指标比较,前一个指标比后一个指标稍微重要
5	相当重要	前一个指标与后一个指标相比,更倾向于前一个要素
7	明显重要	两指标比较,前一个指标比后一个指标十分重要
9	绝对重要	两指标比较,前一个指标比后一个指标极端重要
2、4、6、8	—	用于上述标准之间的折中值

根据上述层次结构模型,可以构建出5个判断矩阵。其中,矩阵1为四个一级指标之间重要程度的比较(四阶判断矩阵),矩阵2为能动参与支配的两个二级指标之间重要程度的比较(二阶判断矩阵),矩阵3为社会互动支配的三个二级指标之间重要程度的比较(三阶判断矩阵),矩阵4为师生互动支配的三个二级指标之间重要程度的比较(三阶判断矩阵),矩阵5为技术支持支配的两个二级指标之间重要程度的比较(二阶判断矩阵)。

同时,考虑到研究的可操作性问题,对于三级指标方面,并没有采用两两比较的形式。在线协作学习评价指标体系中共包含10个二级指标,28个三级指标,若进一步构建判断矩阵,则需要增加10个判断矩阵。这无疑会带给咨询专家较大的工作负荷,影响最终的权重判断结果,甚至影响研究的可行性。因此,三级指标的权重主要采用专家排序的方式,由专家依据指标的重要程度,由高到低进行排序,从而计算指标的权重。

(三)在线协作学习评价的指标权重

根据上述层次结构模型和判断矩阵,本研究设计了在线协作学习评价指标权重咨询问卷,并通过电子邮件的形式向10位专家发放,回收有效问卷10份。

---

① 许树柏.实用决策方法:层次分析法原理[M].天津:天津大学出版社,1988:9.

问卷主要内容包括填写说明、一级指标重要程度两两比较、二级指标重要程度两两比较,以及三级指标重要程度排序。根据专家们反馈的结果,可以对指标的权重做进一步的计算和分析。以下分别介绍一级指标、二级指标的计算过程及结果,以及三级指标的计算过程和结果,并呈现最终的在线协作学习评价指标体系。

1. AHP 的计算过程

在 AHP 的分析中,常用的计算方法包括幂乘法、几何平均法。通过计算可以获取每个专家判断矩阵的最大特征根 λ_{max},及其对应的特征向量 W。根据这些数值,能够分析得到指标的权重。同时,对判断矩阵进行随机一致性检验,可以确定指标权重分配的可靠性,从而得到有效的指标权重。本研究选取其中一位专家对矩阵 1 的赋值结果(见表 4-8)进行计算,以此呈现一级指标和二级指标权重的计算过程。

表 4-8 判断矩阵 1 的赋值结果

一级指标	能动参与	社会互动	师生互动	技术支持
能动参与	1	1/7	3	5
社会互动	7	1	7	9
师生互动	1/3	1/7	1	3
技术支持	1/5	1/9	1/3	1

第一步,根据专家对一级指标判断矩阵的赋值结果,计算每行内所有数值的乘积 m_i,计算公式为:

$$m_i = \prod_{j=1}^{n} a_{ij}, i = 1,2,3,\cdots,n \qquad (公式 4-1)$$

由此,可以计算出判断矩阵 1 每行数值的结果为:

$m_1 = 1 \times 1/7 \times 3 \times 5 \approx 2.1429$;

$m_2 = 7 \times 1 \times 7 \times 9 = 441$;

$m_3 = 1/3 \times 1/7 \times 1 \times 3 \approx 0.1429$;

$m_4 = 1/5 \times 1/9 \times 1/3 \times 1 \approx 0.0074$。

第二步,计算几何平均数,即求 m_i 的 n 次方根,计算公式为:

$$\bar{w}_i = \sqrt[n]{m_i}, i = 1,2,3,\cdots,n \qquad (公式4-2)$$

由此,可以计算出矩阵1每行数值的几何平均数为:

$\bar{w}_1 = \sqrt[4]{m_1} \approx 1.2099;$

$\bar{w}_2 = \sqrt[4]{m_2} \approx 4.5826;$

$\bar{w}_3 = \sqrt[4]{m_3} \approx 0.6148;$

$\bar{w}_4 = \sqrt[4]{m_4} \approx 0.2934。$

第三步,对向量 $\bar{w} = (\bar{w}_1, \bar{w}_2, \cdots, \bar{w}_n)$ 进行归一化处理,计算公式为:

$$\hat{w} = \bar{w}_i / \sum_{j=1}^{n} \bar{w}_j, i = 1,2,3,\cdots,n, \qquad (公式4-3)$$

由此,可以计算出矩阵1每行的权重值为:

$\hat{w}_1 = \bar{w}_1/(\bar{w}_1 + \bar{w}_2 + \bar{w}_3 + \bar{w}_4) \approx 0.1806;$

$\hat{w}_2 = \bar{w}_2/(\bar{w}_1 + \bar{w}_2 + \bar{w}_3 + \bar{w}_4) \approx 0.6839;$

$\hat{w}_3 = \bar{w}_3/(\bar{w}_1 + \bar{w}_2 + \bar{w}_3 + \bar{w}_4) \approx 0.0917;$

$\hat{w}_4 = \bar{w}_4/(\bar{w}_1 + \bar{w}_2 + \bar{w}_3 + \bar{w}_4) \approx 0.0438;$

那么,根据向量 $\hat{w} = (0.1806, 0.6839, 0.0917, 0.0438)$,便可得到该专家对一级指标判断矩阵中各个指标的权重,详见表4-9。

表4-9 在线协作学习评价一级指标权重(1位专家)

指标	能动参与	社会互动	师生互动	技术支持
权重	0.1806	0.6839	0.0917	0.0438

第四步,为了确定权重计算是否可信和可用,需要对判断矩阵的赋分情况进行一致性检验。首先,计算判断矩阵的最大特征根 λ_{max},计算公式为:

$$\lambda_{max} = \frac{1}{n} \sum_{i}^{n} \frac{(A\hat{w})_i}{\hat{w}_i}, \qquad (公式4-4)$$

在该公式中,$(A\hat{w})$ 的值为判断矩阵赋值与向量 $\hat{w}$ 的乘积:

$$(A\hat{w}) = \begin{bmatrix} 1 & \frac{1}{7} & 3 & 57 \\ & & & \\ \frac{1}{3} & \frac{1}{7} & \frac{1}{5} \end{bmatrix} [0.1806 \ 0.6839 \ 0.0918 \ 0.0438],$$

$$(公式4-5)$$

由此,可以计算出:

$(A\hat{w})_1 = 1 \times 0.1806 + 1/7 \times 0.6839 + 3 \times 0.0917 + 5 \times 0.0438 \approx 0.7724$;

$(A\hat{w})_2 = 7 \times 0.1806 + 1 \times 0.6839 + 7 \times 0.0917 + 9 \times 0.0438 = 2.9842$;

$(A\hat{w})_3 = 1/3 \times 0.1806 + 1/7 \times 0.6839 + 1 \times 0.0917 + 3 \times 0.0438 \approx 0.3810$;

$(A\hat{w})_4 = 1/5 \times 0.1806 + 1/9 \times 0.6839 + 1/3 \times 0.0917 + 1 \times 0.0438 \approx 0.1865$;

结合上述计算结果,代入公式4-4可以得到判断矩阵最大特征根:

λ_{max} = 1/4×(0.7724÷0.1806+2.9842÷0.6839+0.3810÷0.0917+0.1865÷0.0438) = 0.25×(4.2768+4.3635+4.1548+4.258)≈4.2633。

第五步,对判断矩阵的随机一致性比率C.R.(Consistency Ratio)进行检验,以此确定专家赋予的指标权重是否可靠和有效。在计算过程中,还需借助其他两个数值,分别是一致性指标C.I.(Consistency Index)和随机一致性指标R.I.(Random Index),C.R.为二者的比值,即C.R.=C.I./R.I.。一般认为,当C.R.的值小于0.1时,说明专家对判断矩阵的赋分具有一致性,权重计算结果可以接受,而当C.R.的值大于或等于0.1时,则说明专家权重赋值的结果不可接受[1]。

其中,一致性指标C.I.的值随着判断矩阵的阶数减少而变小,当n越小时,判断矩阵越趋于完全一致,相应的计算公式为:

$$C.I. = (\lambda_{max} - n)/(n-1) \quad \text{(公式4-6)}$$

该判断矩阵包括四个一级指标,即4阶矩阵,n=4。由此,可以得到该判断矩阵的一致性指标的值C.I.=0.0878。

此外,随机一致性指标R.I.的值可以通过查表来得知,详见表4-10,即R.I.=0.89。

表4-10 多阶判断矩阵随机一致性指标[2]

阶数	1	2	3	4	5	6	7	8	9	10	11	12
R.I.	0	0	0.52	0.89	1.12	1.26	1.36	1.41	1.46	1.49	1.52	1.54

通过以上数据,可以得出随机一致性比率的值C.R. = 0.0878/0.89 ≈

---

[1] 许树柏.实用决策方法:层次分析法原理[M].天津:天津大学出版社,1988:12.
[2] 许树柏.实用决策方法:层次分析法原理[M].天津:天津大学出版社,1988:11.

0.0986。因此,该判断矩阵的 C.R. 值小于 0.1,说明指标权重的计算结果具有可靠性,即专家对四个一级指标的权重计算结果可以接受。

相应地,其余 4 个判断矩阵也可以进行计算和分析,得到专家对指标进行权重赋分的结果。值得注意的是,对于一阶、二阶矩阵而言,由于其自身就是完全一致的,因而不需要进行随机一致性检验(R.I. 都等于 0)。因此,判断矩阵 2 和判断矩阵 5 这两个二阶矩阵没有进行随机一致性检验,仅计算了其余 3 个判断矩阵的随机一致性。

2. 一级指标、二级指标权重计算结果

本研究借助 EXCEL 2016 进行计算,详细的函数和公式设置见附录三。最终得出 10 位专家的权重赋值情况,详见表 4-11。

表 4-11 在线协作学习评价一级、二级指标权重(10 位专家)

一级指标	专家1	专家2	专家3	专家4	专家5	专家6	专家7	专家8	专家9	专家10
能动参与	0.1806	0.3241	0.1062	0.0504	0.1372	0.6592	0.5955	0.1806	0.2217	0.1162*
社会互动	0.6839	0.2168	0.4113	0.6382	0.3126	0.1439	0.2344	0.6839	0.5725	0.0671*
师生互动	0.0917	0.3754	0.3619	0.2123	0.3126	0.1565	0.0905	0.0918	0.1029	0.6317*
技术支持	0.0438	0.0837	0.1206	0.0991	0.2376	0.0404	0.0796	0.0437	0.1029	0.1850*
二级指标	专家1	专家2	专家3	专家4	专家5	专家6	专家7	专家8	专家9	专家10
学习信念	0.125	0.750	0.500	0.833	0.500	0.167	0.167	0.875	0.333	0.125
独立思考	0.875	0.250	0.500	0.167	0.500	0.833	0.833	0.125	0.667	0.875
任务互动	0.731	0.429	0.600	0.600	0.600	0.600	0.455	0.785	0.481	0.4286
社交互动	0.081	0.429	0.200	0.200	0.200	0.200	0.455	0.149	0.114	0.1428
社会调节	0.188	0.142	0.200	0.200	0.200	0.200	0.090	0.066	0.405	0.4286
问题设计	0.152	0.429	0.333	0.333	0.600	0.637	0.185	0.731	0.443	0.4286
认知反馈	0.630	0.429	0.334	0.334	0.200	0.105	0.659	0.081	0.388	0.4286
情感支持	0.218	0.143	0.333	0.333	0.200	0.258	0.156	0.188	0.169	0.1428

续表

一级指标	专家1	专家2	专家3	专家4	专家5	专家6	专家7	专家8	专家9	专家10
感知易用	0.250	0.500	0.500	0.500	0.500	0.500	0.500	0.100	0.250	0.8333
感知有用	0.750	0.500	0.500	0.500	0.500	0.500	0.500	0.900	0.750	0.1667

注：*表示该专家的评分中某个判断矩阵的随机一致性比率C.R.大于或等于0.1。

根据表4-11的数据可知，在一级指标的判断矩阵中，专家10赋值的结果没有通过随机一致性检验，因此，其赋予的一级指标权重未予以采纳。在最终计算一级评价指标的权重时，仅采用了前9位专家的指标权重赋值结果。通过对每位专家赋值的均值进行统计，得到一级评价指标的权重，见表4-12。

表4-12　在线协作学习评价一级指标权重计算结果

评价指标	指标权重
能动参与	0.2728
社会互动	0.4331
师生互动	0.1995
技术支持	0.0946

同时，考虑到一级指标和二级指标的权重赋值是分开进行的，彼此之间具有相对独立性，并且专家10的二级指标判断矩阵C.R.值都小于0.1，处于可接受范围内。因此，为了最大可能地保留专家意见，对于二级指标的权重计算，并没有排除专家10的赋值结果，而是采用了全部专家对二级指标的权重赋值结果。通过对指标权重均值的统计，得到二级评价指标的单层权重，以及结合一级评价指标权重计算的指标组合权重，见表4-13。

表4-13　在线协作学习评价二级指标权重结果

一级评价指标	二级评价指标	指标单层权重	指标组合权重
能动参与 （0.2728）	学习信念	0.4375	0.1193
	独立思考	0.5625	0.1535

续表

一级评价指标	二级评价指标	指标单层权重	指标组合权重
社会互动 (0.4331)	任务互动	0.571	0.2472
	社交互动	0.217	0.0940
	社会调节	0.212	0.0919
师生互动 (0.1995)	问题设计	0.427	0.0852
	认知反馈	0.359	0.0716
	情感支持	0.214	0.0427
技术支持 (0.0946)	感知易用	0.443	0.0419
	感知有用	0.557	0.0527

3. 三级指标权重计算过程及结果

考虑到三级指标的数量较多，容易造成专家工作负荷较大，本研究采用专家排序法进行权重的赋值。具体来说，在指标的排序方面，由专家根据相同方案层中指标的重要程度进行降序排列。在赋值规则方面，主要根据指标的数量进行，例如，学习信念包含两个三级指标，则赋予2~1分；任务互动包含四个三级指标，则赋予4~1分。之后，综合专家排序情况以及赋值规则，便可以计算出指标的权重。

第一步，统计三级指标的专家排序情况，详见表4-14。

表4-14 任务互动所含指标重要程度排序

排序	专家1	专家2	专家3	专家4	专家5	专家6	专家7	专家8	专家9	专家10
第一	B11	B11	B11	B14	B11	B11	B14	B14	B11	B12
第二	B12	B13	B12	B11	B12	B14	B13	B12	B12	B11
第三	B13	B12	B13	B13	B13	B13	B11	B11	B13	B13
第四	B14	B14	B14	B12	B14	B12	B12	B13	B14	B14

其中，B11表示"学习者持续地进行提问质疑和解释说明"，B12表示"学习者提供新的资料以帮助改进观点"，B13表示"学习者发现和总结观点之间的联系"，B14表示"学习者交流的观点与真实生活联系"。

第二步,根据专家对指标重要程度的排序情况,可以对指标分别进行赋值。例如,根据专家1的排序情况,指标B11赋值为4分,B12赋值为3分,B13赋值为2分,B14赋值为1分;根据专家2的排序情况,指标B11赋值为4分,B12赋值为2分,B13赋值为3分,B14赋值为1分。同理,结合其余专家的排序情况也可以对指标进行赋值处理。

相应地,权重可以通过单个指标的赋值与所有指标赋值综合之比得到。同样,以专家1的排序情况为例,可以计算出四个三级指标的权重分别为:

指标B11:W = 4/(1+2+3+4) = 0.4;

指标B12:W = 3/(1+2+3+4) = 0.3;

指标B13:W = 2/(1+2+3+4) = 0.2;

指标B14:W = 1/(1+2+3+4) = 0.1。

第三步,计算其余专家对指标的权重赋值情况,结果见表4-15。

表4-15 任务互动所含指标权重赋值结果

排序	专家1	专家2	专家3	专家4	专家5	专家6	专家7	专家8	专家9	专家10
B11	0.40	0.40	0.40	0.30	0.40	0.40	0.20	0.20	0.40	0.30
B12	0.30	0.20	0.30	0.10	0.30	0.10	0.10	0.30	0.30	0.40
B13	0.20	0.30	0.20	0.20	0.20	0.40	0.30	0.10	0.20	0.20
B14	0.10	0.10	0.10	0.40	0.10	0.10	0.40	0.40	0.10	0.10

通过上述计算过程,得到每位专家的权重赋值情况,再求出10位专家赋予指标权重的均值,便能得到评价指标的权重。其中,指标B11的权重为0.34,指标B12的权重为0.24,指标B13的权重为0.21,指标B14的权重为0.21。

以此类推,对于其他三级评价指标而言,也可以采用同样的计算过程,得到相应的指标权重。此外,有专家认为部分评价指标同等重要,因而在赋值时采用的是相同的分值进行计算。例如,独立思考所包含的两个三级指标,有的专家认为它们同等重要,因而都赋值为1分,最终权重计算结果都为0.5。由此,得到28个三级指标的权重。同时,结合前文计算的一级指标、二级指标的权重,得到完整的在线协作学习评价指标体系,详见表4-16。

表4-16 在线协作学习评价指标体系权重计算结果

一级指标	二级指标	三级指标	单层权重	组合权重
能动参与 （0.2728）	A1 学习信念 （0.1193）	A11 学习者愿意参与在线协作学习	0.6333	0.0756
		A12 学习者意识到在线协作对学习的促进作用	0.3667	0.0437
	A2 独立思考 （0.1535）	A21 学习者积极思考分享自己的观点	0.5830	0.0895
		A22 学习者采纳他人观点并产生新的理解	0.4170	0.0640
社会互动 （0.4331）	B1 任务互动 （0.2472）	B11 学习者持续地进行提问质疑和解释说明	0.3400	0.0841
		B12 学习者提供新的资料以帮助改进观点	0.2400	0.0593
		B13 学习者发现和总结观点之间的联系	0.2100	0.0519
		B14 学习者交流的观点与真实生活联系	0.2100	0.0519
	B2 社交互动 （0.0940）	B21 学习者鼓励同伴参与在线协作	0.2350	0.0221
		B22 学习者理解和尊重在线协作的同伴	0.2550	0.0240
		B23 学习者自由地与同伴进行交流	0.2500	0.0235
		B24 学习者认可他人的观点或贡献	0.2600	0.0244
	B3 社会调节 （0.0919）	B31 学习者共同制订学习的目标和计划	0.3830	0.0352
		B32 学习者共同调整互动的方式和过程	0.3337	0.0307
		B33 学习者共同评估讨论的过程和结果	0.2833	0.0260

续表

一级指标	二级指标	三级指标	单层权重	组合权重
师生互动 (0.1995)	C1 问题设计 (0.0852)	C11 在线讨论的问题能激发学习者的兴趣	0.5007	0.0427
		C12 在线讨论的问题适合开展交流和协作	0.4993	0.0425
	C2 认知反馈 (0.0716)	C21 教师引导讨论而不是直接提供答案	0.3300	0.0236
		C22 教师在线回复学习者的问题和求助	0.3000	0.0215
		C23 教师为学习者提供在线学习资源	0.2300	0.0165
		C24 教师在学习者争执不下时进行调解	0.1400	0.0100
	C3 情感支持 (0.0427)	C31 教师了解和关心每个学习者	0.2500	0.0106
		C32 教师鼓励学习者参与在线协作	0.4000	0.0171
		C33 教师认可学习者的在线协作表现	0.3500	0.0150
技术支持 (0.0946)	D1 感知易用 (0.0419)	D11 学习者可以随时随地使用讨论工具或平台	0.5493	0.0230
		D12 学习者熟悉讨论工具或平台的操作和功能	0.4507	0.0189
	D2 感知有用 (0.0527)	D21 讨论工具或平台支持学习者查找相关资源	0.5323	0.0281
		D22 讨论工具或平台支持学习者开展交流讨论	0.4677	0.0246

由此可知,在一级评价指标方面,社会互动最为重要,其次是能动参与、师生互动以及技术支持。在二级评价指标方面,能动参与中更加强调独立思考,其次是学习信念;社会互动中更加强调任务互动,其次是社交互动和社会调节;师生互动方面,更加强调问题设计,其次是认知反馈和情感支持;技术支持中更加强调感知有用,其次是感知易用。

五、在线协作学习评价指标的分析与阐述

基于前文的相关论述可知,在线协作学习评价主要是围绕在线协作的过程展开的,重点关注学习者个人的能动参与、学习者之间的社会互动、师生之间的互动,以及技术对学习的支持等方面的内容。结合具体的评价指标及其权重,对本研究所构建的在线协作学习评价指标体系做以下几方面的分析和阐述:

(一)能动参与是在线协作的基础

学习者个人的参与是在线协作学习顺利开展的基础。脱离了学习者的参与,也就无法实现在线协作,甚至连学习本身都无法发生。能动参与主要可以从两方面进行考虑,分别是学习信念和独立思考。二者之间相辅相成,相互促进。当学习者具备学习信念时,便会认真地去思考问题;而当学习者认真地思考以后,也能够从中收获更多,从而增强学习信念。

具体来说,学习信念主要强调学习者愿意参与其中,为在线协作学习做出自己的贡献。同时,也强调学习者认可在线协作这种方式。不过,相比较而言,学习者的参与意愿还是更为重要。当学习者积极地参与其中时,无论是个人知识建构,还是社会知识建构,都能达到更高的水平。那么,即便学习者可能会质疑在线协作的效果,但经过尝试和努力之后,也还是可以认识到在线协作对学习的促进作用。

独立思考主要强调学习者参与在线协作的质量和效果。结合权重来看,这一点比学习信念更为重要。学习者必须对问题进行思考,真正获得自己的理解和观点,然后再参与到在线协作当中,才能保证学习的效果。也只有这样,其他学习者才能从中受益。否则,分享一些未经思考的观点和看法,或者直接采取复制粘贴的方式,并不能帮助到他人。某种程度上来说,这种参与行为显得十分敷衍,甚至会妨碍他人的学习。因此,能动参与不仅关注学习者是否积极地参与,也关注参与的质量,即学习者不仅要在形式上参与,也要在内容上参与。通过深思熟虑,分享自己独特的看法,帮助他人理解;同时也从中学习,获得自身认知的发展。

（二）社会互动是在线协作的核心

学习者之间的互动交流是在线协作学习的核心环节。与简单的参与和分享不同，它需要学习者之间产生一些碰撞和矛盾，并不断地协商和解决，才能够出现深层次的交流，进而实现社会知识建构。否则，最终只能实现个人知识建构，或者出现一些低水平的社会知识建构。社会互动主要从三个方面进行考虑，分别是任务互动、社交互动和社会调节。

任务互动作为最重要的部分，涉及学习者之间的观点、思想如何进行碰撞，如何进行改进，以及如何帮助他人理解等内容，直接关系到社会知识建构的水平。它要求学习者之间能够围绕具体内容进行持续的交流，从而把问题剖析得更加深刻，观点阐述得更加清楚。当然，这种辩论的过程还需要借助资料来支撑，才能做到"理越辩越明，道越论越清"，而不至于沦为"偏执的争论"。在具体的策略方面，学习者需要关注不同观点之间的区别与联系，找到交流的碰撞点和着力点。同时，还需要重视观点与真实生活的联系，引发他人的共鸣。

不过，这种互动能达到怎样的程度还受到学习者之间关系的影响，或者说学习者感知社会存在的影响，这也是强调社交互动的目的所在。学习者之间的社交行为能够拉近彼此之间的距离，从而避免一些情感因素影响对学习内容的讨论。并且，当学习者之间变得熟稔时，他们也更愿意"在一起"学习，即形成小组凝聚力。在这种情况下，学习者之间能够彼此欣赏和尊重，每个人的观点都可以得到重视，即每个学习者都有发言权，都可以自由地表达自己的观点。同时，还需要鼓励其他同伴参与在线协作，让每个人都感觉到能够融入其中。因此，尽管社交互动更多起到润滑剂的作用，但其所占的权重还是较大。

此外，在线协作学习的过程强调以学习者为主体，对于何时进行互动、怎样进行互动，以及从哪些视角切入讨论等问题也需要学习者去思考和协商。这些方面可能并不涉及具体的学习内容，但对在线协作而言依然很重要。因此，还需要考虑社会调节方面的因素。当学习者之间能够很好地去协调关于时间、计划、安排等问题时，在线协作才能够有条不紊，才能够更加顺利地开展互动和交流。

(三)师生互动为在线协作提供学习支持

所谓师生互动,强调的是教师给学习者提供的支持和帮助。采用在线协作学习的方式是为了能够更好地培养学习者的协作、交流、问题解决、创新创造等方面的能力,使其适应未来社会发展的需要。但必须明确的是,这种学习的形式并不意味着教师工作量的减轻,更不代表教师可以任由其发展。作为在线协作学习中的一部分,教师依然要发挥其作用,为学习者提供学习支持服务。相应地,师生互动主要可以从三个方面进行衡量:问题设计、认知反馈和情感支持。

问题设计指的是在线协作开始前教师预先设计学习任务或者讨论主题,以便学习者展开交流和讨论。与传统课堂中师生问答互动设计的问题不同,在线协作中的问题并不是为了检验学习者对知识的掌握与否,而是旨在让学习者不断地去探究和思考,从而获得深刻的理解,建构新的知识。因此,教师设计的问题应该是能够激发学习者学习兴趣的,并且适合开展协作交流的复杂问题。

认知反馈指的是在线协作过程中教师对学习者的引导和干预,以便在线协作能够顺利进行。教师参与在线协作并不是为了提供标准化的答案,也不是为了传授特定的知识,而是通过一些引导策略,帮助学习者思考问题。同时,教师需要关注在线协作的过程。当学习者遇到问题或需要帮助时,教师能给予相应的回应。当讨论停滞不前或者偏离主题时,教师要进行调解,把讨论引入正轨。

情感支持指的是在线协作过程中教师对学习者的关心、鼓励和认可。在课堂面对面的师生互动中,师生关系常常处于一种不平等的状态,学习者的行为需要得到教师的明确授权或者默许,否则会被认为是课堂中的异常行为。在线协作则不同,学习者参与讨论并不是为了回答教师的问题,即便教师也参与其中。因此,教师需要改变这种不平等的关系,给予学习者更多的关心,尤其是鼓励学习者参与在线讨论,并且认可他们的优秀表现。

(四)技术支持为在线协作提供环境保障

所谓技术支持,强调的是为在线协作提供有效的沟通和交流环境。技术既包括在线平台、软件应用,也包括访问网络、移动终端,由这样一整套的技术集成系统为在线协作提供环境保障。具体来说,技术支持主要可以从感知易用和感知有用两个方面进行考虑。

感知易用指的是技术环境容易使用,不需要额外投入过多的时间和精力去适应其操作和功能。相对而言,这样的技术环境更容易被学习者喜欢和接受。当人们熟悉某种技术时,使用它的可能也会得到增强。尤其是学习者经常使用的一些交流工具,还能在某种程度上把在线协作的场景融入日常生活的场景之中。如此一来,技术带给在线协作的支持也会更明显。当然,技术容易使用还包括能够随时随地地访问和使用。如果在线交流的平台或应用对网络、访问终端有特殊的要求,例如,不能通过移动设备进行访问,那它必然会影响学习者的使用意愿,进而影响在线协作的效果。因此,感知易用可以作为衡量技术支持的指标。

感知有用指的是技术环境具备查找、沟通、交流、存储等功能。在线协作的过程中,不仅要求学习者进行独立思考,还需要查找相关的资料来支撑交流和论证。技术环境需要确保学习者能够获取一些经典的和权威的资料,例如,访问和下载中国知网中收录的文献。此外,在线协作平台都具备一定的沟通和交流功能,但却未必齐全。例如,MOOC论坛可以很好地进行在线异步交流,却很难支持在线同步交流。或者平台功能齐全,但需要付费使用,同样会影响到学习者对技术使用。因此,感知有用也是衡量技术支持的重要指标。

第五章

在线协作学习评价的实施与应用

在线协作学习评价指标体系表征了在线协作过程中的关键指标和要素，前文从理论分析、框架拟定和指标构建等方面进行了详细的论述。本章内容则重点关注评价的实施与应用，以此来检验在线协作学习的评价指标体系在应用过程中是否可行和有效。同时，评价的目的也是帮助发现在线协作学习过程中存在的问题，并针对性地提出改进方法，从而有效地解决问题，提高知识建构水平。

一、在线协作学习评价实证研究方案概述

在线协作学习的评价强调形成性评价，重点关注学习过程的反思和改进，而不只是呈现评价对象所达到的水平。因此，评价的实施需要根据研究目的来选择合适的教学应用情境。并且，在教学实践过程中开展在线协作学习评价。

（一）研究目的

本研究借助在线协作学习的评价指标体系，对教学实践过程进行评价和改进，通过验证性教学实践，旨在达到三方面的目的：

其一，从适用性的角度检视评价指标体系；

其二，从有效性的角度检视评价指标体系；

其三，了解在线协作学习过程中可能存在的问题。

(二)应用情境

在评价实施和应用的阶段,本研究邀请XX师范学院19-5班47名教育技术学专业本科生参与在线协作学习。通过随机分组的方式,47名同学共分为6组,其中一组包括7名同学,剩余各组都为8名同学。在教学实践开展之前,研究者与任课教师进行了联系,并表明了来意。在以往的课程教学中,任课教师曾经设计开展过在线讨论的学习活动,但最终的效果并不理想。不过,任课教师仍然认为在线协作学习的方式能够帮助学生更好地学习这门课程,只是需要对其中的问题进行分析和改进,这一点与本研究的基本设想不谋而合。为了更好地开展教学实践,研究者与任课教师进行了详细的磋商,包括课程的主要内容、教学的主要目标、教学进度的安排、教学活动的设计、课程的考核方式,以及在线协作学习评价的实施与应用等方面。在得到任课教师的支持后,研究者以助教的身份全程参与课程教学,并在教学过程中持续地与任课教师交流教学和研究的评价反思情况,协商改进的对策和方法,直至完成课程的所有教学活动。

(三)数据收集工具

本研究中所需要的数据主要来源于两个方面,分别是对在线协作学习表现的评分数据,以及在线协作学习过程中对话交流产生的文本数据。其中,在线协作学习的表现主要借助评分表,以此来获取师生的评分数据。在线协作学习过程中的文本数据主要来源于在线讨论平台,借助在线协作学习会话编码框架还可以对讨论的文本内容进行分析,揭示知识建构的会话特征,以及在线协作学习的具体过程和互动结构。

1. 在线协作学习表现评分表

首先,根据在线协作学习评价指标体系设计在线协作学习表现评分表(详见附录四)。借助评分表,由教师、学生分别对各小组的表现进行评价,从而帮助师生分析小组的表现情况和可能存在的问题。此外,本研究还对师生进行了补充访谈,以此来深入了解师生对在线协作学习的具体感知和看法,帮助分析问题产生的原因,从而做出有针对性的改进。

2. 在线协作学习会话编码框架

在线协作学习主要通过在线的交流和讨论来实现知识建构,对话内容以文本的形式记录于在线平台。本研究采用内容分析法,对会话内容进行编码和分析。一般来说,内容分析法需要借助特定的编码框架才能进行。但在具体应用过程中所采用的编码框架并不完全相同,它取决于研究问题、研究目的,或者理论基础,研究者需要根据这些因素来考虑是否直接引用他人成熟的编码体系,或者发展、创建新的编码框架进行使用①。在以往的研究中,最为常见的编码框架是 Gunawardena 的 IAM 分析框架,但关于社会-情感层面,教师教学方面的内容并没有在 IAM 分析框架中得以呈现,最终也无法进行编码,从而影响对在线协作学习过程的理解。因此,本研究无法直接选取 IAM 分析框架,而需要采用更为合适的编码框架进行分析。

探究社区理论主要关注认知存在、社会存在和教学存在,认为这三个基本要素会对在线学习产生重要影响,这也是本研究的重要理论基础之一。有鉴于此,本研究选取在线协作学习会话编码框架时也对认知存在、社会存在、教学存在这三个方面进行了着重考虑。

首先,关于认知存在方面的内容,主要指的是围绕学习内容、讨论主题进行的讨论,与新知识的生成、改进、创造方面密切相关。本研究对认知方面的编码主要借鉴 IAM 分析框架,包括 5 个编码,分别是分享和比较信息、发现和解释不一致、意义协商和共同建构知识、测试和修正假设、应用新知识。

其次,关于教学存在方面的内容,主要指的是教师参与在线协作过程中发表观点和言论。在 Garrison 等人的编码框架中,教学存在主要从教学管理、促进对话和直接干预三个方面进行分析;而在 Koh 等人的研究中,主要从直接教学、促进对话、反馈三个方面进行分析。其中,教学管理和直接教学在表述上不同,但基本意义相同,都指的是对主题或问题的介绍,以及提供相关的信息或者建议。而促进对话则采用了相同的术语,指的是教师通过追问或者提出特定要求,以此引发学习者的深入思考。直接干预和反馈

---

① 李海峰,王炜.面向问题解决的在线协作知识建构[J].电化教育研究,2018,39(01):36-41+67.

都含有教师对讨论内容进行评价和判断的意思,但前者侧重的是对协作过程的把控,防止学习者的讨论偏离主题,而后者主要指的是教师对学习者的观点进行者评论。因此,在本研究中,教学存在的内容主要从三个方面进行编码,分别是直接教学、促进对话和干预反馈。

关于社会存在方面,主要指的是生生之间、师生之间的一些社交相关的对话、情绪或者情感表达相关的内容。本研究的编码主要借鉴 Koh 等人的研究,包括问候闲聊和情绪表达。其中,问候闲聊指的是社交相关的对话内容,通常与学习任务无关,例如问候、祝福、闲聊。情绪表达指的是通过文字、表情或者符号来表达学习者的情绪或情感,例如开心的表情、点赞的手势等。

除此之外,本研究在编码过程中还存在一部分对话内容与在线讨论的计划安排、角色分工密切相关,尤其是学习者与同伴进行协商和讨论的内容。在本研究中,学习任务的计划、过程的评价也有学习者的参与,且更多地依靠学习者之间协商来完成,因此,这部分的内容编码描述为任务协商。

综上所述,本研究基于已有的编码框架,结合在线讨论的实际情况,形成用于辅助内容分析的在线协作学习会话编码框架,具体描述及示例见表 5-1。

表 5-1　在线协作学习会话编码框架

编码	指标	描述	示例
认知互动	K1 分享和比较信息	陈述或者表达某种观点;对他人的观点表示赞同;提供例子来支持他人的观点;询问他人详细的解释来帮助澄清或理解观点;详细地说明、描述、明确讨论的问题	"我觉得信息意识是指个体对信息的敏感度和对信息价值的判断力"
	K2 发现和解释不一致	指出观点不一致的地方,或者提出疑问;要求说明反对的理由,或者观点差异的程度;重新解释自己的观点或建议,并进行论证和支持	"为啥不能用更好这个词"

续表

编码	指标	描述	示例
认知互动	K3 意义协商和共同构建知识	术语本身意义的澄清或协商；不同观点重要程度的讨论；不同观点之间的求同存异；提出新的陈述、建议，包含妥协的意味；提出整合后的观点	"我感觉这样直接说是不是会更直白一点""嗯嗯，这个考虑也是对的"
	K4 测试和修正假设	验证参与者已经知道的事实；验证先前的知识或概念；验证先前的或最近的经验；验证提供的资源；验证书本或文献中出现的矛盾	"高中生都没学怎么会知道"
	K5 应用新的知识	汇总概括已经讨论过的观点或看法；新知识的应用；陈述在原有基础上进行了改进的观点	"那就是说弄清楚人工智能应该用怎样的方式表示知识"
教学引导	T1 直接教学	发布或说明学习任务；阐述术语的概念；回应学生的问题	"本次讨论主题是围绕学科核心素养……"
	T2 促进对话	鼓励学生参与讨论；引导学生思考问题	"为什么那样想，说说大家的思考过程""你有什么想法"
	T3 干预反馈	调节讨论的过程；认可或评论发表的观点	"大家不需要纠结一些字眼""你这个思路很好"
任务协商	C1 计划和安排	计划讨论的时间，安排讨论的环节步骤	"我们明天晚上八点开始讨论吧""我们先来看看学科核心素养包括哪些方面"
	C2 协调和评估	反思和评估讨论的过程或结果，并进行相应的调整	"是不是离题了""稍微放慢一点节奏，有点跟不上"
社交相关	S1 问候闲聊	同伴之间的问候；与学习任务无关的交谈	"大家早点休息""辛苦了"
	S2 情绪表达	表达情绪；抒发情感	"我好慌""捂脸（表情包）"

二、在线协作学习评价的实证研究过程

在具体的教学实践过程中,本研究结合课程的主要内容对教学活动进行了相关的设计和安排,以专题讨论的形式邀请47名学生,分为6个小组,参与了为期三个月的在线协作学习教学实践。

(一)前期分析

本研究以高中信息技术课程标准及教材分析课开展教学实践,主要使用的参考教材为《普通高中信息技术课程标准(2017年版2020年修订)解读》。本研究主要围绕三次专题讨论开展为期三个月的在线协作学习活动,时间为2020年9月至2020年12月。其中,第一次专题讨论主要围绕课程的第一部分和第二部分教学内容,第二次专题讨论主要围绕课程的第三部分教学内容,第三次专题讨论主要围绕课程的第四部分和第五部分教学内容。同时,根据各部分课程内容所要达成的教学目标,本研究设计了相应的话题供学生通过在线协作学习的形式进行交流和讨论,详见表5-2。

表5-2 专题讨论及教学计划表

专题讨论	教学内容	教学目标层次	在线讨论话题
第一次	高中信息技术课程发展的国际背景;高中信息技术课程标准修订的基础介绍	理解	请结合自身的理解,从不同的视角分析,为什么要修订高中信息技术课程标准? 时间:2020年9月—2020年10月
第二次	高中信息技术课程的学科核心素养	理解、应用和分析	针对具体的知识点,如何去培养学生的学科核心素养?(章节内容自选) 时间:2020年10月—2020年11月
第三次	高中信息技术必修课程的教材分析;高中信息技术选择性必修课程的教材分析	理解、应用、分析、评价和创造	结合学科核心素养,如何对选定的章节内容进行教材分析?(章节内容自选) 时间:2020年11月—2020年12月

在第一次专题讨论中,主要围绕的是高中信息技术课程标准修订的背景和原因。学生需要分别从不同的视角和立场进行思考,分析讨论课程标准修订的原因及目的。

在第二次专题讨论中,主要围绕的是学科核心素养在章节内容中的体现。学生不仅需要理解和掌握学科核心素养本身的概念、结构和原理,还要能够结合高中信息技术学科教材中的具体知识点,分析其中可能包含的学科核心素养,并给出判断的依据和理由。同时,更为重要的还有探讨如何在课堂教学中落实学科核心素养的培养。

在第三次专题讨论中,主要围绕教材分析展开讨论。学生需要在理解学科核心素养的基础上,对章节内容、教学目标、重难点、学习者特征进行综合分析,设计教学过程和学习活动,从而完成一份教学方案的设计。

本研究选取的对象为教育技术学专业的本科生,他们的抽象思维和逻辑思维能力达到了一定的高度,在分析和理解问题时能够有自己独特的看法,思维更具批判性和深刻性,能够更好地参与在线协作学习。同时,对信息技术、信息技术学科、信息技术课程及其中的相关概念及术语已经有了一定的了解,能够根据已有的知识经验与他人进行交流和讨论。但对于课程标准、学科核心素养、教材分析等方面的内容,并没有深刻的认识,需要通过课堂学习以及在线讨论来加深理解。

若在严格的实验条件下,还可以依据学习者特征进行异质分组。但本研究是在自然情境下开展的教学实践,实际操作过程中难以实现真正的异质分组。此外,研究所选班级中仅有5名男生,其余42名同学皆为女生,性别因素在分组过程中也进行了考虑。不过,也有研究认为性别因素仅影响学生感知协作的态度,对小组的表现并不会产生显著影响[1]。因而,在实际的分组过程中,主要采用随机分组的形式,最终形成6个小组参与在线协作学习活动。

---

[1] Zhan Z, Fong P S W, Mei H, et al. Effects of gender grouping on students' group performance, individual achievements and attitudes in computer-supported collaborative learning[J]. Computers in Human Behavior, 2015, 48(C):587-596.

(二)教学过程

在教学实施过程方面,主要包括学习环境的创设,学习资源的设计和提供,以及学习活动的设计与实施。

1.学习环境创设

本研究主要基于社会建构主义学习理论开展教学与实践,无论是课堂的教与学还是在线协作学习,都更加强调为学习者创设有利于交互的学习环境。首先,线下课堂教学主要借助智慧教室开展教学活动。智慧教室的基本布置,以及学生座位排列情况见图5-1。

图5-1 智慧教室基本布置情况

其次,在线协作学习平台方面,主要采用腾讯QQ进行讨论和交流,见图5-2。QQ作为一款社交软件,具有丰富的交流形式,能够支持学习者之间和师生之间开展实时的在线交流与讨论。同时,还可以保存聊天记录,以供学生随时翻阅和查看,从而实现异步交流与讨论。确切地说,学习者不仅可以通过QQ群发言来分享自己的观点,也可以使用"@"功能与特定的成员交流,或者使用"回复"功能引用讨论中出现的内容进行回复,从而实现类似于在线论坛的发帖、回帖、跟帖等异步交互功能。

图 5-2 QQ 群支持的讨论情况

2. 学习资源设计和提供

为了更好地支持在线协作学习,教师还为学生设计和提供了相关的学习资源。其中,既包括与课程内容密切相关的 MOOC,也包括在线讨论过程中涉及的相关教材、文献等资料。首先,课程学习内容方面,本课程的授课教师依托学校的超星泛雅平台,开发和建设了校本慕课,学生注册课程后既可以通过电脑网页版进行访问,也可以通过移动客户端访问该课程的学习资源。

其次,相关文献资料方面,围绕学习者每次在线讨论的话题,教师上传了相关资料至 QQ 群,供小组成员参考和学习。其中,包括论述信息素养、学生发展核心素养、信息技术学科核心素养、人工智能等主题的相关文献资料;人教版普通高中教科书的电子版,例如,《信息技术必修 1 数据与计算》《信息技术必修 2 信息系统与社会》,以及六个选修模块的相关教材。此外,还包括与教材知识点相关的图片、视频、网址等资料,这些学习资源也不断地上传至 QQ 群中,供小组成员参考和学习。

3. 学习活动设计与实施

在具体的教学实施过程中,本研究结合智慧教室和QQ群,设计和开展了线上、线下混合式的学习活动。活动设计的初衷在于实现知识建构,重点关注小组层面的社会知识建构,当然也关注个体层面的个人知识建构。因此,完整的学习活动大致可以划分为三个阶段,从课堂教学到在线协作,再到课堂教学,如图5-3所示。

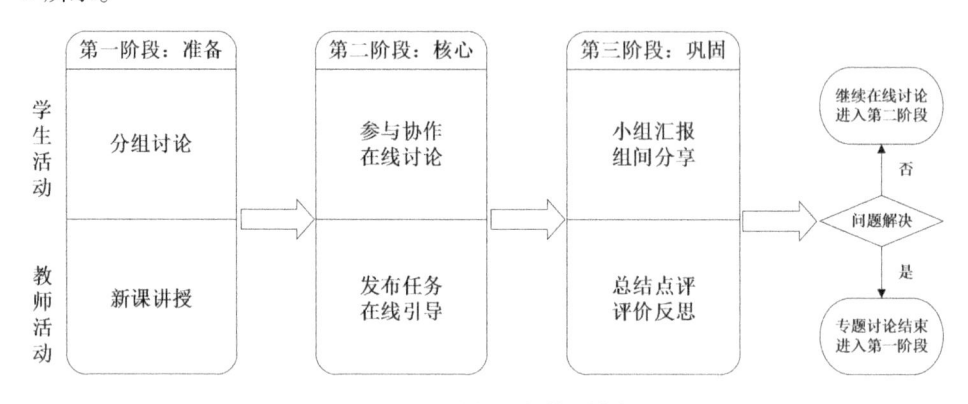

图5-3 三阶段混合学习模式

第一阶段发生于线下,主要在智慧教室中开展教学。第一阶段的课堂教学主要是帮助学生了解和掌握课程的基础知识,为参与在线协作学习做准备。教师可以借助智慧教室的功能开展多样化的师生互动,设置弹幕、抢答、随机挑人回答等互动活动。同时,为了让学生适应在线协作学习的方式,还充分利用智慧教室的桌椅布置,开展分组教学。由教师设置课堂讨论问题,各个小组的学生围坐在一起,进行分组讨论,完成课堂的协作学习。

第二阶段发生在线上,主要开展在线协作学习。与第一阶段的课堂教学不同,本阶段的学习活动主要由学生来安排,教师主要发布讨论话题、上传相关资料,并为在线讨论提供引导和帮助。在讨论开始前的这段时间内,学生可以继续查找相关的资料,加深对问题的认识与理解,也可以把相关的资料发到讨论群中与其他成员分享。在线讨论的过程中,学生需要发表自己的观点和见解,对他人的观点提出疑问,或者要求详细说明和解释。同样,也可以进行补充说明,提出改进的建议,或者对讨论的内容进行梳理。除此之外,教师还需要对讨论的过程进行一定的评估,确保讨论过程没有严重的跑题,以及调整在线讨论的节奏,避免出现学生跟不上讨论进度的情况。

第三阶段又重新回到线下,在智慧教室中开展课堂教学。事实上,经过第二阶段的在线讨论,学生已经完成了在线协作知识建构。第三阶段的课堂教学活动主要目的在于巩固第二阶段的学习成果,也是师生共同进行评价和反思的时机。各个小组知识建构的过程记录在 QQ 群中,学生需要对整个讨论的内容进行梳理,并在课堂上进行小组汇报。汇报的主要内容不仅包括小组最终的讨论结果,还包括讨论过程中的一些细节,例如小组讨论的思路、有价值的观点、争论点及其解决方案等。汇报过程中,其他小组成员遇到有疑问的地方,或者感兴趣的部分,也可以进行提问交流。通过这样的组间分享,小组之间可以进行对照反思,从而取长补短。

对于教师而言,主要活动是点评学生的小组汇报。在每个小组的汇报结束后,教师需要进行点评讲解,从而强化学生对知识点的理解和掌握。同时,还可以选取其中比较好的问题解决思路、设计方案等作为范例,供所有学生参考和学习。当然,所有小组汇报完成后,教师还需要反馈在线讨论过程中普遍遇到的问题,或者具有代表性的问题。结合学生的评价反馈情况,提出改进的措施或策略,从而帮助学生参与后续的在线协作学习。之后,若专题内容学习完成,则开始新的专题学习;若专题内容还需深入学习,则继续开展在线讨论。因此,第三阶段的课堂教学活动不仅可以起到巩固学习、反思在线协作的作用,还可以作为继续开展在线讨论的基础。

(三)评价实施

本研究关注的是形成性评价,注重的是对教与学过程的改进和优化,而非成绩或分数。但对于课程考核而言,必然要进行总结性评价。因此,课程成绩主要包括平时成绩和期末成绩。不过,为了让课程考核更好地服务于教与学,考核的方式进行了相应的设计。其中,平时成绩占40%,主要依据学习者参与在线讨论的表现,具体由小组汇报的情况和个人群聊天的等级进行综合评定。期末成绩占60%,主要依据学习者在课程结束时提交的教学方案。因此,在线协作学习的评价主要包括课程考核、表现评分,以及讨论文本的内容分析。三类评价的评价目的、评价时间、评价者、评价对象,以及评价方式各有不同,详见表5-3。

表5-3 在线协作学习评价实施方案

评价类型	评价方式	评价对象	评价工具	评价时间	评价者	评价目的
课程考核	平时成绩	小组课堂汇报	教师评分	每次汇报结束	教师	评定小组讨论成果
		学习者活跃度	QQ群聊等级	学期结束	教师	评定个人的贡献度
	期末成绩	学习者课程学习情况	期末考查作业	学期结束	教师	评定学习者个人对课程内容的掌握情况
表现评分	教师评分	小组在线讨论	在线协作学习表现评分表	每次在线讨论结束	教师	分析在线协作中的问题,制定改进策略
	学生评分	小组在线讨论	在线协作学习表现评分表	每次在线讨论结束	学生	分析在线协作中的问题,制定改进策略
内容分析	文本编码统计分析	在线讨论文本	在线协作学习会话编码框架	每次在线讨论结束	研究者(教师)	了解知识建构水平,分析小组互动结构

其中,表现评分主要指的是师生对在线协作学习过程的评价,即师生借助在线协作学习表现评分表进行的评价。评分表主要依据评价指标体系进行设计,能够用于对在线协作学习的过程进行评价和反思。

内容分析,主要指的是对讨论过程中生成的文本进行编码分析,主要由研究者来完成。本研究中所采用的编码框架与评价指标体系二者背后的理念一脉相承,分析的结果与师生评分可以进一步相互印证,从而验证在线协作学习评价指标体系的有效性。在QQ群的聊天记录中,可以查看各个小组的完整讨论过程。此处结合在线协作学习会话编码框架对讨论的文本进行分析,能够更加清楚地了解各个小组知识建构的水平。

由此,实证研究过程中可以得到教师的评价结果、学生的评价结果,以及研究者的评价结果。结合三者的评价结果进行对比分析,一方面可以对本研究构建的评价工具进行验证,另一方面还可以帮助改进教学。

三、在线协作学习评价指标体系应用

针对三次专题讨论的过程,教师、学生、研究者都分别进行了评价。通过分析比较不同评价主体得出的结果,对评价工具的适用性和有效性进行验证。同时,挖掘在线协作学习过程中存在的问题,反思和改进教学。为了避免赘述数据分析和比较的过程,此处以第一次专题讨论的评价结果为例进行详细论述,而对第二次及第三次专题讨论的评价结果仅呈现反思和总结部分。

(一)数据收集与处理

为了发现在线讨论中存在的问题,教师和学习者分别对小组的表现情况进行评价。考虑到可能出现对评价指标理解不一的问题,教师对评价指标进行了详细的讲解和说明,帮助学习者理解评价指标和参与在线协作学习的评价。在线讨论结束后,师生通过问卷星对小组的具体表现情况进行评价。教师分别对6个小组的表现进行评价,每个学习者则对自己所在的小组表现进行自评。

第一轮专题讨论评价的目的在于验证评价指标体系的可行性,需要结合具体的评价指标来进行,即评价内容为指标体系中的28项三级指标。根据实际的表现情况,分别赋予分值5分(优)、4分(良)、3分(中)、2分(差)和1分(非常差)。结合对三级指标的评分情况,以及三级指标在其所属二级指标中所占的权重,可以进一步得到二级指标的评分情况。同样,经过数据的处理,也可以得到一级指标的评分情况。其中,学生评分的一级指标得分为二级指标得分的加权平均数,二级指标得分为三级指标得分的加权平均数。教师评分中一级指标和二级指标得分的计算同样考虑了所含指标的权重系数。由此,可以得到各个小组的一级指标和二级指标得分情况。

不过,由于每个学习者的参与情况以及感受不一,给出的评价有所差异,因此,主要以学习者评分的均值来反映小组的自评情况。在具体分析问题时,需综合考

虑师生的评分情况来提供反馈建议。尤其是师生评分存在较大差异时,还需要与学习者做进一步的交流,进而反思评价工具本身,或者评价实施存在的问题。

此外,用于分析的数据还包括学习者在线讨论的文本内容。在线讨论的会话数据保存在 QQ 群的聊天记录当中,可以直接进行翻阅和查看,其中完整地记录了各个小组在 2020 年 9 月 3 日至 9 月 24 日期间在线协作的过程和内容。不过,为了更好地进行编码和分析,会话数据被转录到 Excel 当中进行保存。在转录过程中,保留了发言人、发言时间,以及发言内容等信息。更为重要的是,标注了发言之间的关系,例如,回复上一条聊天记录、引用之前的对话内容。在具体的数据分析过程中,还可以重新查看原始聊天记录,确保分析和理解的准确性。经过转录以及初步的描述统计,得到 941 条聊天记录,总字数 50691 字,详见表 5-4。

表 5-4　第一次专题讨论聊天记录统计表

	第一组	第二组	第三组	第四组	第五组	第六组	总计
发言次数	104	191	94	115	237	200	941
发言字数	6836	14801	7187	5669	8754	7444	50691
均值	65.7	77.5	76.5	49.3	36.9	37.2	53.9

本研究采用内容分析法对这些讨论的文本数据进行挖掘和分析,从而了解在线协作的整体情况、知识建构水平,以及小组协作互动的结构和行为模式。内容分析的基本流程包括:确定研究问题、选择数据来源、定义分析单位、建立编码框架、编码研究数据、统计分析编码结果[①]。其中,数据来源为各个小组讨论所产生的聊天记录,并把小组成员每次的发言记录作为一个分析单位,共对 941 个意义单位进行编码。在分析意义单位时,主要借助在线协作学习会话编码框架进行编码。

首先,编码者需要熟悉和理解内容分析的编码框架,从而确保后续编码的准确性和有效性。为此,研究者专门对编码者进行了培训,详细讲解了编码类别所代表的含义,并进行了必要的举例分析。其次,在实际的编码过程中,还要求两

---

① 马志强.在线学习评价研究与发展[M].北京:中国社会科学出版社,2017:212-215.

名编码者进行预编码,即对部分文本内容进行编码,并检验编码结果的一致性,以此来保证两名编码者对编码体系的理解趋于一致。最后,再让两名编码者分别对所有数据进行编码。若编码结果的一致性较高,则针对编码不同的地方做进一步的讨论;若一致性较低,则需要重新进行编码。最终,编码结果的一致性达到87.7%,编码差异的部分则进行了详细的讨论,从而达成一致,得到的结果用于后续的数据分析和研究。

在对编码结果进行分析时,一方面借助 EXCEL 进行统计,分析不同编码类别出现的数量,以此呈现各个小组的知识建构水平。另一方面,借助 GSEQ5.1 进行滞后序列分析,生成行为转换矩阵,以及行为序列图,从而挖掘不同编码之间的关系,呈现各个小组在线协作过程中的互动结构和行为模式。

(二)在线协作学习表现分析

在第一次专题讨论结束后,师生分别结合28项评价指标对所在小组的在线协作学习表现进行了详细的评价,并赋予了相应的分值。由于各个小组的具体表现不同,对评价指标的理解本身也可能不同,因此,教师对小组的评价以及学生的自评存在一定的差异。为了能够更好地呈现评价结果,主要采用师生评分数据的均值进行分析,以此来说明在线协作学习评价指标体系的基本应用情况。以下分别对班级的整体表现情况,以及各个小组的具体表现进行分析。

1. 整体表现处于中等水平,师生评价存在差异

通过师生的评价反馈,最终得到了教师对6个小组表现的评分情况,以及47名学生分别对其各自所在小组表现的自评情况。其中,28项指标得分经过统计处理后以均值的形式呈现,可以初步反映第一次专题讨论过程中在线协作学习表现的整体情况,见表5-5。

表 5-5　第一次专题讨论表现整体情况

一级指标	二级指标	三级指标	教师评分均值	学生评分均值
A 能动参与	A1 学习信念	A11 学习者愿意参与在线协作学习	3.33	3.96
		A12 学习者意识到在线协作对学习的促进作用	3.17	3.81
	A2 独立思考	A21 学习者积极思考分享自己的观点	2.17	3.89
		A22 学习者采纳他人观点并产生新的理解	2.67	3.85
B 社会互动	B1 任务互动	B11 学习者持续地进行提问质疑和解释说明	2.67	2.87
		B12 学习者提供新的资料以帮助改进观点	3.33	3.49
		B13 学习者发现和总结观点之间的联系	2.83	3.02
		B14 学习者交流的观点与真实生活联系	3.33	3.55
	B2 社交互动	B21 学习者鼓励同伴参与在线协作	2.67	3.43
		B22 学习者理解和尊重在线协作的同伴	3.00	4.30
		B23 学习者自由地与同伴进行交流	2.83	4.38
		B24 学习者认可他人的观点或贡献	3.50	3.96
	B3 社会调节	B31 学习者共同制订学习的目标和计划	3.17	3.32
		B32 学习者共同调整互动的方式和过程	2.83	3.26
		B33 学习者共同评估讨论的过程和结果	2.67	3.32

续表

一级指标	二级指标	三级指标	教师评分均值	学生评分均值
C 师生互动	C1 问题设计	C11 在线讨论的问题能激发学习者的兴趣	3.17	3.19
		C12 在线讨论的问题适合开展交流和协作	3.00	3.94
	C2 认知反馈	C21 教师引导讨论而不是直接提供答案	3.00	4.40
		C22 教师在线回复学习者的问题和求助	1.67	3.45
		C23 教师为学习者提供在线学习资源	3.00	3.51
		C24 教师在学习者争执不下时进行调解	2.17	3.46
	C3 情感支持	C31 教师了解和关心每个学习者	3.00	3.89
		C32 教师鼓励学习者参与在线协作	3.00	4.40
		C33 教师认可学习者的在线协作表现	3.17	4.21
D 技术支持	D1 感知易用	D11 学习者可以随时随地使用讨论工具或平台	3.00	4.04
		D12 学习者熟悉讨论工具或平台的操作和功能	4.00	4.36
	D2 感知有用	D21 讨论工具或平台支持学习者查找相关资源	4.00	3.98
		D22 讨论工具或平台支持学习者开展交流讨论	3.17	3.23

从表 5-5 的评分均值来看，第一次专题讨论过程中，在线协作学习表现的整体情况并不十分乐观。尤其是在教师给出的评分中，各项三级指标的评分均值都在 3 分左右，仅有极少数指标的评分均值达到 4 分。尽管学生给出的评分相对较高，部分指标的评分均值超过 4 分，但有关任务互动和社会调节方面的三级

指标评分仍然较低,处于3分左右。并且,这些指标在整个指标体系中所占的权重较大,这也就导致了整体表现水平的降低。整体而言,在线协作学习的表现不够理想,有待于进一步完善和改进。

同时,师生评分的差异也反映出另一个重要信息,即师生对参与在线协作学习具体表现的理解和看法有所不同。例如,教师认为学生在独立思考方面表现欠佳(指标A21和A22的得分均值为2.17和2.67),但大部分学生认为自己在讨论过程中有积极地思考并分享观点(指标A21的得分均值为3.89),并且能够从中有所收获(指标A22的得分均值为3.85);又或者教师认为自己在讨论过程中并没有很好地去回复学生的问题(指标C22的得分均值为1.67),但学生认为能够得到教师的回复和帮助(指标C22的得分均值为3.45)。

不可否认,这种差异与学习者个人的参与程度,以及小组的表现之间存在一定的关系。那么,在制定改进策略时,也需要结合具体的情况进行分析,才能有针对性地解决问题。同时,师生评价结果的差异也说明师生可能基于不同的立场去进行评价,从而突出学生参与评价的意义。这也是第四代评估理论提出"全面参与、协商共建"的价值所在。更为重要的一点是,它意味着教师在制定改进策略时需要综合考虑学生的评价反馈,尤其是师生评价出现较大出入的指标或维度。否则,学生可能会无法理解后续的改进策略,并影响策略的实施效果。毕竟,如果学生并不认为这些方面存在问题,那么自然也不会刻意去完善。

2. 各组具体表现不同,任务互动评价普遍偏低

本书以雷达图的形式分别呈现6个小组一级指标、二级指标的得分情况。根据第一组的评分结果可知,学生自评和教师评价存在较大的差异,如图5-4所示。

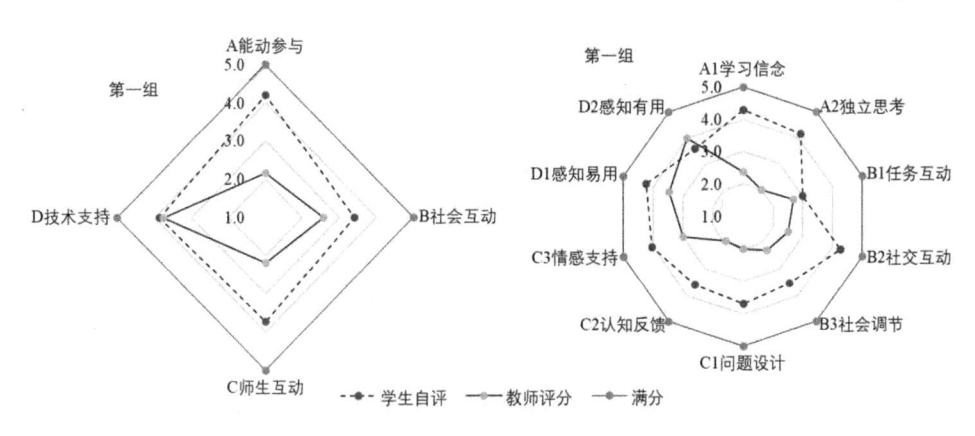

图 5-4　第一组得分雷达图

关于能动参与方面,学习者给出的评价更高,但教师的评价较低。从学习者的角度来说,他们认为小组成员愿意参与在线协作学习,并能够对问题进行思考,从而分享自己的认识和理解,因此,对于学习信念和独立思考方面都给出了较高的评分。但从教师的角度来说,尽管小组成员在讨论过程中都进行了发言,但是分享的内容存在"复制粘贴"的现象,甚至小组成员之间出现雷同的内容,使得教师认为学习者并没有认真地进行思考。并且,小组成员总体的发言次数并不多,总计仅有 104 次。因此,教师对于学习信念和独立思考方面给出的评分都较低。

关于师生互动方面,教师在讨论过程中进行了有针对性的提问,并引导学习者深入思考,还对一些观点表示认可。学习者认为,教师参与讨论的形式带来了新的学习体验,因此,在师生互动方面给出了较高的评价。尤其是在情感支持方面,学习者能够感受到教师的关注和鼓励。但问题是,教师的引导和提问并没有很好地发挥促进学习的作用。尽管学习者会回应教师的提问,但并没有引发进一步的讨论,只出现了简短的回复。如此一来,教师认为师生互动方面的表现并不理想。再加上第一组的发言次数较少,促使教师反思问题设计方面的问题,尤其是讨论的话题如何激发学习者的学习兴趣。在后续的专题讨论中,教师对小组讨论的话题做了相应的修改和完善。

关于社会互动方面,师生评价较为一致的主要是任务互动方面。在整个的讨论过程中,学习者都是在发表自己的观点,补充解释自己的观点,或者回应教师的提问。学习者之间并没有进行有效的交流,例如,提问、协商、建议。尽管从小组层面来说,最终获得了很多不同的理解和知识,但它并没有进行协作和互动,充其量只能算是合作,达到观点拼凑的效果。由于第一组的成员在讨论时仅仅是发表自己对问题的理解和看法,并没有涉及讨论时间、任务计划方面,以及对讨论的评估和调整方面,故教师对社会调节这一指标的评分较低。同样,这也导致了教师无法从中感知到社交互动的内容。可见,教师主要依据QQ群讨论过程中呈现的状态进行判断和评价。然而,学习者的评价依据并不局限于此,实际上他们还把线下的情况纳入了考虑的范围。在面对面的交往过程中,学习者会协商在线讨论开始的时间、讨论结果的整理、课堂汇报的人员安排等内容。并且,每个成员分享的观点最终也都会呈现在课堂汇报当中。因此,学习者对社交互动和社会调节方面给出的评价更高。

　　根据第二组的评分结果可知,他们存在与第一组相类似的问题,如图5-4所示。在能动参与方面,学习者给出的评分较高,但教师给出的评分较低。不过,教师评分中学习信念得分较高,主要原因在于第二组的发言次数达到191次,因此,教师认为第二组学习者的参与程度更高。不过,在独立思考方面,由于发言内容存在"复制粘贴"的问题,教师给出的评分还是较低。在社会互动方面,尽管整体表现不够理想,但讨论过程中有出现一些与真实生活关联的内容,并引发了学习者之间的提问和应答,例如关于浙江省把信息技术学科纳入高考选考科目。此外,还包括组长与小组成员约定讨论开始的时间,以及一些社交相关的闲聊。因此,教师和学生都给出了中等水平的评价。在师生互动方面,考虑到学习者的发言次数较多,教师认为讨论的话题能够激发学习者的兴趣,相应地,问题设计的评分相较于第一组也更高。而对于认知反馈和情感支持方面,由于教师的参与没有对讨论过程产生实质性的影响,因此,教师认为师生互动的效果仍然不理想。

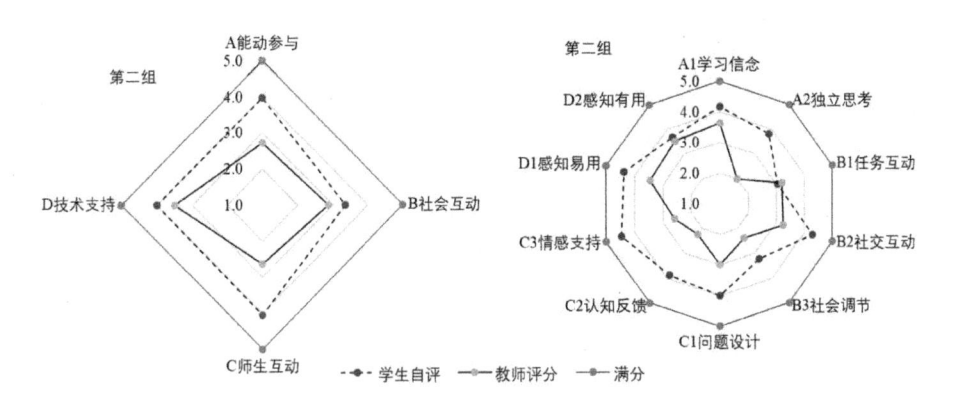

图 5-5　第二组得分雷达图

根据第三组的评分结果可知,师生评价最大的差异在于能动参与方面,如图 5-6 所示。第三组发言的总次数最少,仅有 94 次,这也是教师认为学习者不愿参与在线协作的重要原因。当然,发言次数少与该组缺乏相应的社会调节有关。小组成员既没有在线约定讨论开始的时间,也没有进行面对面的交流,导致部分学习者错过同步讨论的时间,最终未能参与在线讨论。此外,与前两组一样,第三组的学习者在分享观点时同样存在"复制粘贴"的问题。甚至,部分学习者还存在审题不仔细的问题。在分享的观点中,引用的是 2003 版高中信息技术课程标准的相关论述,而非在线讨论所要求的 2017 版高中信息技术课程标准。因此,教师认为小组成员在独立思考方面表现并不好。在师生互动方面,情感支持的评分相对较高,主要源于教师鼓励、督促学习者参与在线讨论,尽管这一举措收效甚微。

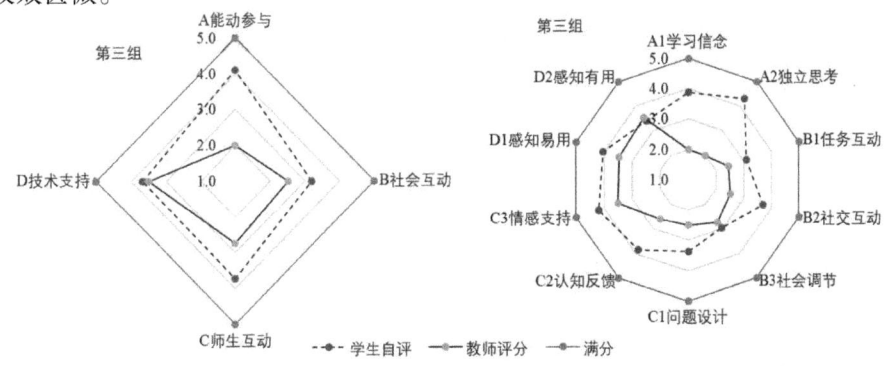

图 5-6　第三组得分雷达图

根据第四组的评分结果可知，师生给出的评价较为一致，如图5-7所示。在能动参与方面，师生都认为小组成员的学习信念不足，主要体现在参与度不高。从发言次数来看，师生发言次数较少，仅有115次。与前三组不同的是，第四组"复制粘贴"的发言内容较少，能够根据自己的理解对获取的资料重新进行梳理和描述，因而教师认为小组成员在独立思考方面表现较好。尤其是在教师进行了干预之后，学习者发表大段文字的情况有所改观。

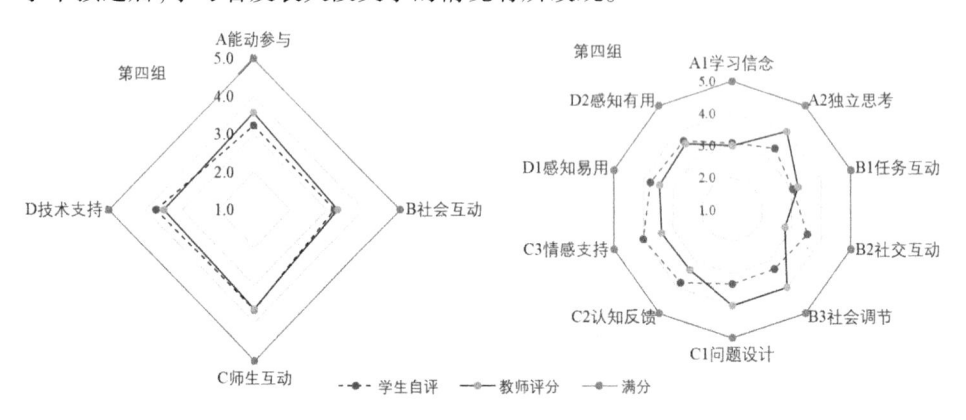

图 5-7 第四组得分雷达图

事实上，教师的干预措施也是在参与其他小组讨论的基础上产生的。由于第四组约定的在线讨论开始时间相对靠后，教师对可能发生的一些问题进行了相应的思考，例如发表大段文字造成刷屏的问题。因此，教师与学习者之间的互动也更加有效。在教师干预后，小组成员就在线讨论的相关问题重新进行了协商。但遗憾的是，调整过后的讨论仅仅是精简了发言的文字数量，而没有改变发言的核心内容。并且，小组成员仍然是各自发表自己的观点，未能进行深入的交流和讨论。

根据第五组的评分结果可知，师生评分的差异主要体现在独立思考以及师生互动方面，如图5-8所示。

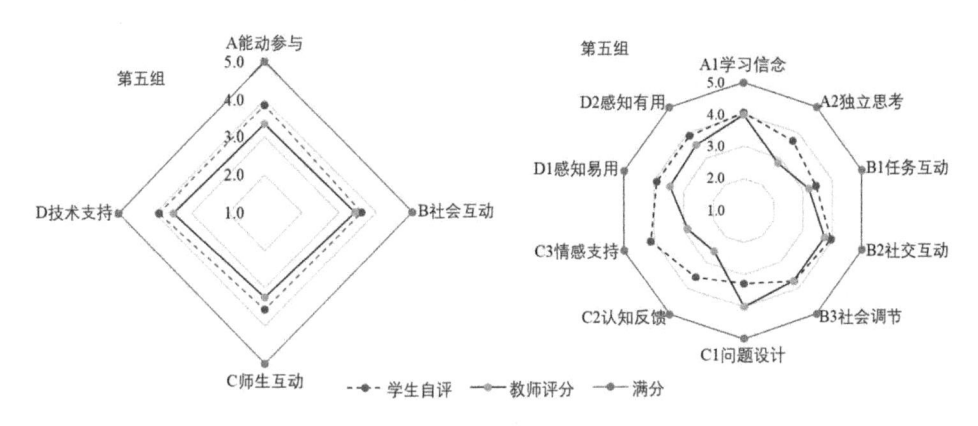

图 5-8　第五组得分雷达图

教师认为学习者能够积极地参与讨论,讨论过程中发言次数在 6 个小组中最高,达到 237 次。并且,小组成员在讨论时能够根据自己的理解去发表观点,询问他人的意见。但在发言的具体内容方面,仍然需要做进一步的改进。确切地说,第五组在参与和互动的质量方面有待提高。该组最大的问题在于闲聊较多,并且总是穿插在讨论主题内容的过程中,很容易导致话题的转移。尽管小组会及时调整讨论内容,但依然产生了不利的影响,例如打断学习者的思路,无法聚焦于主题讨论。如此一来,学习者很难从中获取重要信息,形成自己的理解。相应地,教师偶尔也会参与到与主题内容无关的讨论中,或在一定程度上受其影响,最终影响师生互动的效果。

当然,社交聊天的作用是双面的,它也有积极的影响。通过这一类的会话,能够帮助学习者更好地感知到其他组员,增进同伴之间的友谊,进而提升小组的凝聚力。在第五组讨论的过程中,学习者常常借助不同的图片、表情包来表达当时的情绪或情感。因此,讨论的氛围显得更加活跃,也让人感觉更加舒适。在这种环境下,学习者能够减少人际关系的负担,真正实现开放交流。也正因如此,教师能够从中感知到学习者之间的理解和尊重,以及自由讨论的氛围。此外,小组的组长还经常会通过指定小组组员发表意见,或者"@ 全体成员"来鼓励同伴参与讨论。因此,教师在社会互动方面给出了较高的评价。

根据第六组的评分结果可知,独立思考和师生互动方面还需进一步完善,如图 5-9 所示。从发言次数来看,该组总计 200 次。但并不是所有的发言都包含实质性的内容,部分学习者的发言只是通过简短话语来对他人的观点表示认可,例如,"厉害""对的""嗯嗯""点赞"等。这样的发言既不能分享学习者自己的观点,也很难让他人从中获益。因此,教师对学习信念的评价较高,对独立思考的评价较低。事实上,整个讨论过程几乎是围绕其中两名学习者的发言来进行的,其他学习者大多是在他们观点的基础上表达认同,或者进行一些补充和发散。如此一来,第六组的在线讨论效果仍然不够理想。

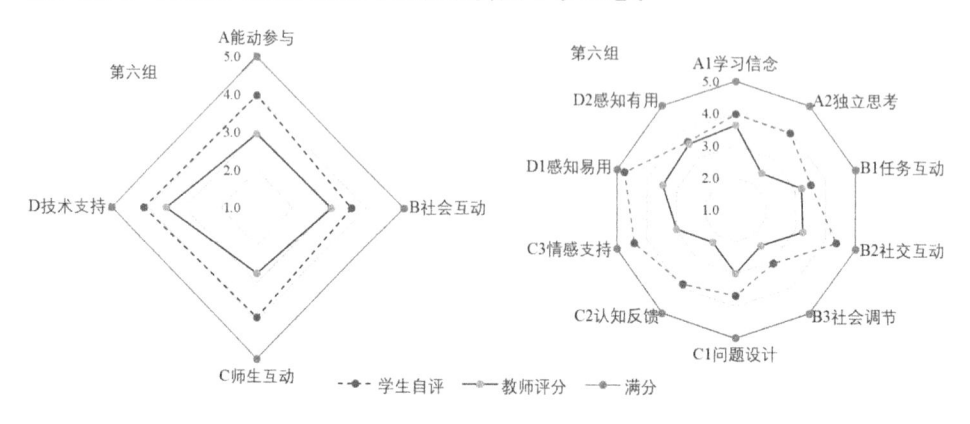

图 5-9 第六组得分雷达图

综上所述,6个小组的表现具有不同的特点,也存在相似的问题。其中,最为突出的是任务互动方面需要改进。无论是教师评分还是学生自评,6个小组的反馈结果都对这方面的表现不够满意。在线讨论过程中,各个小组的成员更多的是分享自己的观点,以及详细地说明自己的观点,没有人提问或者要求解释。学习者很少会与同伴产生冲突和碰撞,以及为他人改进观点提供建议。结合本研究构建的评价指标,任务互动指标主要在"交流的观点与真实生活联系"以及"持续地进行提问质疑和解释说明"方面得分,而在"提供新的资料以帮助改进观点"以及"发现和总结观点之间的联系"方面表现并不理想。

在这样的情况下,小组讨论更多体现的是独立思考方面的指标,也就是"积极思考分享自己的观点"。当然,这也是学生自评中"独立思考"指标得分较高的原因所在。不过,教师更期待看到的是学习者分享自己的见解,而不只是简单地查找和获取资料,借用别人的理解来充当自己的观点。再者,学习者之间缺乏深度的交流,即便分享再多的观点,也未必能够从中获益。因此,在独立思考指标方面,师生评价差异较大。尽管大部分学习者积极地参与了在线协作学习,但教师并没有给出较高的评价。

同时,尽管学习者对师生互动方面给出了较高的评价,但还是存在一些问题需要改进。例如,讨论的话题不能激发学习者的兴趣,认知反馈不能达到应有的效果,以及对学习者的了解仍然不够。从某种意义上来说,学习者对于教师参与讨论这事本身便十分满意,也乐于和教师共同参与学习。这种虚高的满意度背后揭示出一个潜在的事实,即教师以往并没有这样设计学习活动,学习者也缺乏相关的经历和体验。此外,由于学习者讨论过程中发送大段的文字内容,小组成员通过手机参与讨论时,容易造成"刷屏"的现象,导致很难正常接收信息,或者浏览他人分享的观点,后续也需要进行相应的改进。

(三)在线协作学习会话分析

在第一次专题讨论过程中,各个小组的表现不一,在线协作知识建构水平也有所不同。为此,本研究分别对6个小组讨论过程中的每次发言记录进行编码,从而分析在线协作学习的会话特征。经过初步的统计分析,可以呈现在线协作知识建构的基本情况,详见表5-6。

表5-6 在线协作学习会话编码结果

编码类别		第一组	第二组	第三组	第四组	第五组	第六组	总计
认知互动	K1 分享和比较	54	100	65	70	74	94	457
	K2 质疑和解释	6	9	3	2	13	7	40
	K3 协商和共建	5	8	0	2	6	0	21
	K4 测试和修正	5	11	4	3	5	16	44
	K5 应用新知识	2	4	2	2	8	9	27
教学引导	T1 直接教学	5	10	6	4	9	7	41
	T2 促进对话	8	9	5	8	13	11	54
	T3 干预反馈	7	3	2	5	8	10	35

续表

编码类别		第一组	第二组	第三组	第四组	第五组	第六组	总计
任务协商	C1 计划和安排	0	13	3	14	22	3	55
	C2 协调和评估	3	0	0	2	5	0	10
社交相关	S1 问候闲聊	2	9	0	0	23	16	50
	S2 情绪表达	7	15	4	3	51	27	107
总计		104	191	94	115	237	200	941

从6个小组整体的会话编码数量来看，认知互动类的编码次数最多，占比达到一半以上，其次是社交相关的编码，以及教学引导类的编码，最少的是任务协商类的编码。这也符合在线协作学习的基本特征，即强调以学习者为中心，并且教师参与讨论。同时，在线讨论过程中使用的QQ是一款社交功能较强的平台，能够较好地支持学习者进行情绪的表达。不过，它的实时交互功能并没有被很好地利用。从功能上来说，它可以随时随地、方便快捷地进行交流，但学习者很少进行任务协商。究其原因，学习者更多的是采用论坛发帖的形式来进行在线讨论。由此，也导致了具体编码数量呈现出一些特点，以下进行详细分析。

具体而言，分享和比较类型的编码出现次数最多，约占所有会话次数的49%。在这一类型的会话中，学习者主要是分享自己的观点和看法，并加以说明和解释。例如，学习者认为可以从时代背景、社会发展，以及人才培养的需要等方面理解修订信息技术课程标准的原因，并且进行了详细的论述。通过分享和比较，小组成员能够从不同的角度来认识和理解主题。质疑和解释编码总计为40次，约占所有会话次数的4%。这一类的会话主要是对不理解的地方进行提问和解释，反映的是小组成员之间产生认知冲突的情况。事实上，无论是对个人知识建构，还是对社会知识建构，学习者之间的认知冲突都能够起到较好的促进作用。但在实际的讨论过程中出现并不多，甚至很多的编码并不是学习者之间的问答，而是学习者向教师提问以及寻求帮助。协商和共建编码总计为21次，约占所有会话次数的2%。这一类编码主要是学习者理解了不同的观点，但又难以取舍，因而尝试进行整合。不过，在实际讨论中，学习者之间很少发生认知冲突,更多的是围绕自己的观点进行论述,因此,部分小组甚至没有出现这一编码类别。测试和修正总计为 44 次,约占所有会话次数的 5%。这一类编码主要是学习者在理解的基础上提出改进建议,从而使得观点更加完善。当小组讨论的内容与真实生活相联系时,常常会出现这一编码。例如,学习者认为高中课堂以学习者为中心很难真正实现。应用新知识总计为 27 次,约占所有会话次数的 3%。这一类编码主要是学习者梳理已有观点后进行总结性陈述,或者重新组织改进后的观点。当然,它出现的主要原因是小组需要进行线下的课堂汇报,因此,各个小组需要总结讨论的内容,形成小组汇报成果。

直接教学约占总编码的 4%,主要是教师在讨论开始前发布讨论任务,并进行相应的说明,为学习者参与讨论提供大致的思路。当然,还包括在学习者遇到不理解的知识点时进行必要的讲解。促进对话约占总编码的 6%,主要包括两种行为:一是面向个人,教师指定学习者就某个观点进行解释;二是面向小组,教师要求所有学习者思考彼此观点之间的联系。干预反馈约占总编码的 4%,主要是教师对某些观点表示认可,或者当学习者之间的交流出现观点碰撞时,教师对这种讨论的氛围表示认可。

计划和安排约占总编码的 6%,主要是各个小组的组长通知全体成员讨论开始的时间,其他内容并没有过多涉及。协调和评估则更少,只占总编码的 1%。在 6 个小组的讨论过程中,几乎没有出现这类会话。情绪表达出现的次数较多,约占总编码的 11%。学习者在讨论过程中不仅发表与观点密切相关的内容,还通过表情包的形式来传达对话的语气,甚至是心理活动。此外,问候闲聊约占总编码的 5%。当然,社交相关的这两类编码主要出现在部分小组的讨论当中。

综上所述,在各个小组的在线讨论内容中,主要的会话类型是分享和比较。除第五组以外,所占比重都在一半以上。换句话说,每个学习者参与讨论时都是在分享自己的观点。但问题是,单纯地分享和比较并不能实现深度学习。根据 IAM 分析框架的划分,K1 层和 K2 层的会话通常属于低水平的知识建构,即个人知识的外显表达,只有达到 K3 层、K4 层、K5 层时,学习者之间才出现深入的交流,才可以认为是达到较高水平的知识建构了。但从数据编码结果来看,各个小组中协商和共建、测试和修正,以及应用新知识出现的次数并不多。尤其是第三组和第四组,K3、K4、K5出现的次数极少,甚至连质疑和解释都很少出现。尽管在第二组、第五组和第六组中,K4、K5编码出现的次数相对较多,但与K1、K2编码的次数相比仍有较大的差距。这种差距在某种程度上表明,各个小组的知识建构水平处于较低层次。

当然,这些只是关于认知层面的考虑和分析。对于完整的协作学习活动而言,还需要考虑元认知层面,以及社交关系层面[①]。但从编码的结果来看,各个小组的表现情况并不乐观。仅有第二组、第四组和第五组出现了部分的计划和安排,而协调和评估方面的编码几乎没有出现。同时,社交相关的编码主要集中在第二组、第五组和第六组。尤其是在第五组中,问候闲聊和情绪表达出现的次数约占该组总发言次数的1/3。根据本研究构建的在线协作学习评价指标体系,这些方面占据了一定的比重。因此,各个小组在这些方面的表现还可以进一步完善,增加在线讨论过程的协调和评估,但与主题无关的闲聊应该尽量减少。

此外,教师也参与了在线讨论,并在其中发挥重要作用。从会话编码的数量来看,教师对各个小组的教学引导基本一致。其中,出现次数较多的是促进学习者之间的对话,之后是直接教学,以及干预反馈。在学习者的反馈建议中,对教师的引导也有更高的要求,他们希望能够得到更加清晰的线索,从而避免漫无目的地开展讨论。整体而言,教师在促进对话方面,还可以进一步完善。

(四)在线协作互动结构分析

根据会话编码结果的数量统计,可以初步判断各个小组的知识建构水平。若仅仅只是围绕数量进行分析,容易遗失编码所处的情境意义,在判断上还是会失之偏颇。例如,同样数量的编码"S1问候闲聊",当它分散于讨论的全过程时,与集中出现在讨论的结尾处,二者所反映的问题显然是不同的。前者可能说明小组讨论经常发生离题的现象,而后者仅仅是表示小组讨论中出现了一段与主题无关的交流。因此,本研究并没有完全按照这种思路来进行考虑,而是进一步

---

① 王春丽.发展学习者协作能力的设计研究[D].上海:华东师范大学,2019.

结合互动结构的视角,去分析在线协作的知识建构水平。

确切地说,在数量分析的基础之上,还需要对编码与编码之间关联所代表的意义进行分析。本研究选择较为常用的分析方法——滞后序列分析(Lag Sequential Analysis,LSA)来挖掘在线协作的互动结构。该方法能够对协作互动过程中的行为序列进行分析,并通过统计意义上显著与否来判断行为序列出现的可能性。所谓行为序列,指的是某种发起行为之后出现的伴随行为,也可以称之为行为转换,例如,编码"K1"之后出现"K2",那么,"K1→K2"构成一个行为序列。根据编码本身所代表的含义,该行为序列可以理解为在学习者分享观点后,小组其他成员进行了提问。至于统计意义上的显著水平,主要是用于判断某种行为序列的出现是否属于偶然事件。例如,该行为序列达到显著水平,说明在学习者分享观点之后极有可能出现提问的行为。由此一来,便可以在数量分析的基础上挖掘出更多的内容。

为了便于数据的处理,本研究采用专为行为序列分析统计开发的顺序查询软件 GSEQ(Generalized Sequential Querier)对各个小组的会话编码结果进行处理,从而得到行为序列表和调整后的残差参数。若调整后的残差参数(Z-score)的值大于 1.96,则认为该行为序列达到了统计意义上的显著水平。在本研究的编码框架中,总共包括 12 类不同的编码,理论上可以得到 144 种行为序列。但根据小组讨论的实际情况来看,并不是每种编码都有出现,编码出现的顺序也不完全依照排列组合的原理。鉴于在第五组的编码结果中,所有类型的编码都有出现,有助于进行分析和呈现,因此,主要介绍对该组的数据处理和分析过程,并分别对各个小组的协作互动结构进行论述。借助 GSEQ 软件,可以制作出第五组在线讨论的行为序列表,详见表 5-7。

表 5-7 第五组在线讨论行为序列表

	K1	K2	K3	K4	K5	T1	T2	T3	C1	C2	S1	S2	Totals
K1	40	1	1	2	2	2	6	3	2	1	6	8	74
K2	4	3	2	0	0	2	0	0	0	0	1	1	13

续表

	K1	K2	K3	K4	K5	T1	T2	T3	C1	C2	S1	S2	Totals
K3	1	1	1	0	0	0	2	0	0	0	0	1	6
K4	3	0	0	2	0	0	0	0	0	0	0	0	5
K5	2	0	0	0	1	1	1	0	0	0	0	3	8
T1	5	2	0	0	0	2	0	0	0	0	0	0	9
T2	6	2	1	0	1	0	1	0	0	0	0	2	13
T3	0	1	0	0	0	0	1	0	2	1	1	1	8
C1	0	0	0	0	2	0	0	0	15	0	1	4	22
C2	1	0	0	0	0	0	0	0	0	2	0	2	5
S1	2	1	1	0	0	0	0	1	1	1	12	4	23
S2	10	2	0	1	1	1	2	4	2	0	2	25	50
Totals	74	13	6	5	8	8	13	8	22	5	23	51	236

其中，每一行所代表的编码是发起行为，每一列代表的编码是伴随行为，表中的数值代表的是发起行为与伴随行为所构成行为序列出现的次数。在第五组的编码结果中，共包含237条聊天记录，生成了71种行为序列类型，共计236个行为序列。同时，第一条聊天记录为教师发布讨论任务，而最后一条聊天记录为学习者表达开心的表情包，即第一个编码是发起行为T1，而最后一个编码是伴随行为S2。因此，在行为序列表的统计结果中可以看到，T1行的总数比T1列的总数多1，而S2列的总数比S2行的总数多1。

同时，根据表中的数值可知，大部分的行为序列仅出现了1次，与K1、C1、S2发生关联的行为序列出现次数相对较多。以K1引发的行为序列为例，"K1→K2"出现了1次，说明第五组在线讨论过程中学习者之间分享观点仅引发了一次质疑和提问。而"K1→S1"却出现了6次，即学习者分享观点之后，紧接着出现了与主题内容无关的发言，并且这种情况发生了6次。当然，行为序列的次数只能反映小组讨论的基本现状，并不能直接说明它在整个讨论过程中的影响和作用，还需要进一步结合显著水平来进行分析。

第五章
在线协作学习评价的实施与应用

结合行为序列的次数,GSEQ 软件可以生成调整后的残差表,包含所有序列的残差参数,详见表5-8。若 Z 值大于1.96,则表明该行为序列具有显著性。从中可知,共有 14 种行为序列达到显著水平,包括 K1→K1、K2→K2、K2→K3、K2→T1、K3→K3、K3→T2、K4→K4 等。这些显著的行为序列表明小组在线讨论过程中,后者极有可能伴随前者而出现。换句话说,在所有的行为中,后者与前者的关联更加紧密。例如,K1 后面极有可能继续出现 K1,即学习者总是持续地分享观点;K2 后面极有可能出现 K2,即针对他人的提问或质疑,学习者很有可能会进行解释和回应。

表5-8 第五组调整后的残差参数

Z	K1	K2	K3	K4	K5	T1	T2	T3	C1	C2	S1	S2
K1	5.08**	−1.89	−0.79	0.42	−0.39	−0.39	1.18	0.38	−2.36	−0.55	−0.57	−2.72
K2	−0.05	2.86**	3.03**	−0.55	−0.69	2.46*	−0.9	−0.69	−1.19	−0.55	−0.26	−1.25
K3	−0.79	1.21	2.23*	−0.37	−0.46	−0.46	3.03**	−0.46	−0.8	−0.37	−0.82	−0.3
K4	1.4	−0.55	−0.37	5.95**	−0.42	−0.42	−0.55	−0.42	−0.72	−0.33	−0.74	−1.19
K5	−0.39	−0.69	−0.46	−0.42	1.45	1.45	0.88	−0.54	−0.92	−0.42	−0.95	1.11
T1	1.6	2.24*	−0.49	−0.45	−0.57	3.18**	−0.74	−0.57	−0.98	−0.45	−1.01	−1.61
T2	1.18	1.61	1.21	−0.55	0.88	−0.69	0.36	−0.69	−1.19	−0.55	−1.22	−0.56
T3	−1.94	0.88	−0.46	−0.42	1.45	−0.54	0.88	−0.54	1.55	2.07*	0.27	−0.64
C1	−3.33	−1.19	−0.8	−0.72	1.55	−0.92	−1.19	−0.92	9.97**	−0.72	−0.86	−0.41
C2	−0.55	−0.55	−0.37	−0.33	−0.42	−0.42	−0.55	−0.42	−0.72	5.95**	−0.74	1.01
S1	−2.47	−0.26	0.58	−0.74	−0.95	−0.95	−1.22	0.27	−0.86	0.78	7.22**	−0.52
S2	−1.95	−0.53	−1.29	−0.07	−0.61	−0.61	−0.53	2.03*	−1.46	−1.17	−1.54	5.49**

注:*$p<0.05$,**$p<0.01$。

根据上述达到显著水平的行为序列,还可以绘制行为转换图,如图5-10所示。

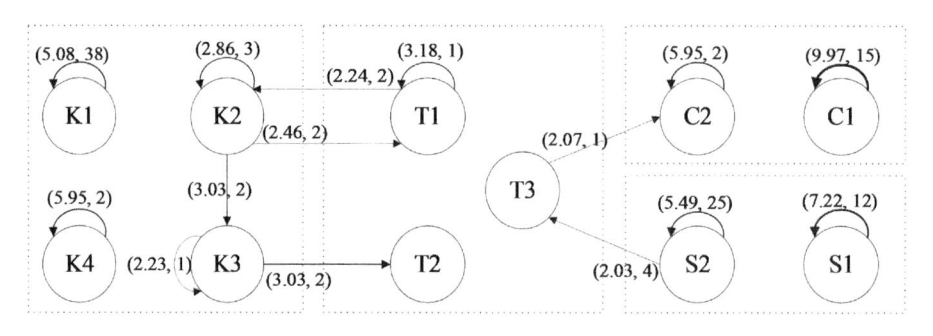

图 5-10　第五组行为转换图

箭头指向的是伴随行为,括号内数值分别为 z 值和该行为序列出现的次数。从中可以看到,大多数的行为序列都是指向自身,代表着某种会话类型的持续。在第五组当中,主要是 K2 与 T1 之间存在双向箭头,即出现"学习者提问→教师讲解说明→学习者继续提问"的互动模式。当然,部分行为序列次数较少,但同样达到显著水平,主要是由于发起行为和伴随行为各自的总次数较少,且又常常连续出现,这类特殊的行为序列需要进行重点关注。

因此,本研究主要从两方面对六个小组的在线讨论互动情况进行分析。其一,通过行为序列的次数来了解各个小组基本的互动结构。其二,结合行为转换图对各个小组的互动模式进行分析。在表 5-9 中,统计了各个小组在线讨论过程中出现的行为序列类型及出现次数。由于大部分的行为序列仅出现 1 次或 2 次,故表中仅呈现了累积次数超过 60% 的行为序列。

表 5-9　在线讨论行为序列统计

组别	行为序列及其出现次数		总计
第一组	K1→K1(38)、K2→K2(3)、K1→T2(5)、K1→T3(3)、K1→S2(3)、T2→K1(4)、T3→K1(3)、S2→K1(3)	8 种(62)	41 种(103)
第二组	K1→K1(79)、K2→K2(5)、K3→K3(6)、K4→K4(6)、T1→T1(4)、C1→C1(4)、S1→S1(4)、S2→S2(6) K1→T2(5)、T2→K1(6)、S1→S2(4)、S2→S1(4)	12 种(137)	47 种(190)

续表

组别	行为序列及其出现次数		总计
第三组	K1→K1(54)、K4→K4(3)、S2→S2(3) K1→T1(3)、K1→T2(3)、T1→K1(3)、T2→K1(5)	7种(74)	25种(93)
第四组	K1→K1(53)、C1→C1(8) K1→T2(3)、K1→C1(4)、T2→K1(8)、T3→T2(3)、C1→K1(3)、	7种(82)	35种(114)
第五组	K1→K1(40)、C1→C1(15)、S1→S1(12)、S2→S2(25) K1→T2(6)、K1→S1(6)、K1→S2(8)、K2→K1(4)、T1→K1(5)、T2→K1(6)、C1→S2(4)、S1→S2(4)、S2→K1(10)、S2→T3(4)	14种(149)	71种(236)
第六组	K1→K1(70)、K2→K2(4)、K4→K4(5)、T2→T2(4)、S1→S1(10)、S2→S2(15)、K1→K4(6)、K1→K5(5)、K1→S1(6)、K1→S2(4)、K4→K1(5)、T3→K1(5)、S2→K1(6)	12种(138)	50种(199)

从表中可知,在线讨论过程中出现了多种类型的行为序列,但大部分行为序列出现的次数都很少。例如,在第一组中,总共出现了47种行为序列,累计次数103次,但主要的8种行为序列出现次数累计便达到62次,其余的38种行为序列平均出现1次左右。对于其他小组而言,也同样存在这种现象。第二组中12种行为序列累计次数占比约为72%,第三组中7种行为序列累计次数占比约为80%,第四组中7种行为序列累计次数占比约为72%,第五组中14种行为序列累计次数占比约为63%,第六组中12种行为序列累计次数占比约为69%。有鉴于此,本研究主要对各个小组中出现频次较高的行为序列进行分析,以此来呈现各个小组互动结构的特点。

在所有小组中,都出现了行为序列K1→K1,且该行为序列出现的次数较多,即都出现了持续分享观点的互动结构。根据学习者分享的观点,教师还会引导学习者深入思考,以此来促进对话(K1→T2)。之后,学习者继续陈述自己的观点(T2→K1),如图5-11所示。不过,简单地分享观点很难得到教师的认可,仅在第一组中出现了行为序列 K1→T3。大多数情况下,教师的认可分散出现在不同的会话类型后面。

图 5-11 教师引导及反馈示例

除此之外,还出现了一些各个小组特有的或部分小组共有的互动结构。在第一组中,出现了 K1→S2、S2→K1 的互动结构。学习者在发言结束时,还会补发一个表情,从而形成文字与表情交替出现的互动结构。此外,还出现了学习者之间进行提问和回答的互动结构(K2→K2)。在第二组中,主要包括同伴问答(K2→K2)、观点协商(K3→K3)、观点改进(K4→K4),以及任务计划(C1→C1)和社交闲聊(S1→S1、S1→S2、S2→S1、S2→S2)的互动结构。在第三组中,出现了观点改进的互动结构。在第四组中,出现了任务协商的互动结构。第五组中,出现了任务协商以及社交闲聊的互动结构。在第六组中,出现了观点改进(K1→K4、K4→K4、K4→K1)、观点总结(K1→K5)、文字与表情交替,以及社交闲聊的互动结构。

各个小组讨论中存在的问题大同小异,都是围绕着学习者分享自己的观点展开。教师试图通过提问等方式来促进学习者之间进行深入的对话,但却未见成效。在大部分的小组中,并没有见到学习者向他人提问,或者要求他人解释观点。某种意义上来说,学习者没有在意其他成员的发言内容,只是在不停地发送自己查找到的资料和信息。因此,很少见到观点协商、观点改进、观点总结这类的互动结构。并且,学习者在线讨论时很少出现对任务的计划和安排,这会导致讨论无法顺利进行。同时,又缺乏对讨论过程的协调和评估。那么,即便小组成员意识到问题的存在,也无法改变现状。若仅仅是依靠教师的参与和介入,又很难在第一时间得到所有学习者的响应。在实时的交互过程中,当学习者纷纷发表自己的言论时,教师的发言很快会被新的发言内容所覆盖。如此一来,教师的认知反馈基本就流于形式,发挥不了应有的作用。

另外,部分小组的对话实际上带有日常交流的特点,即附加表情。尤其是在社交闲聊当中,表现得更为明显。从这些表情中,或多或少可以看出学习者的情绪和心理状态。例如,寓意为开心的表情,说明学习者当前处于较为积极的情感状态;寓意为害怕或者胆小的表情,说明学习者对自己发送内容的理解缺乏十足的把握,有待于进一步商榷。但从数据结果来看,小组成员并没有捕捉到这些信息,或者没有做出回应。最终,各个小组的互动有效性不高,很难达到高水平的知识建构。

同时,根据残差参数的值,对各个小组中出现的显著行为序列进行分析,并绘制行为转换图,如图5-12所示。其中,达到显著水平且指向自身的行为序列大多出现次数较高,在前文已经进行了分析,此处主要关注不同行为转换构成的显著行为序列。

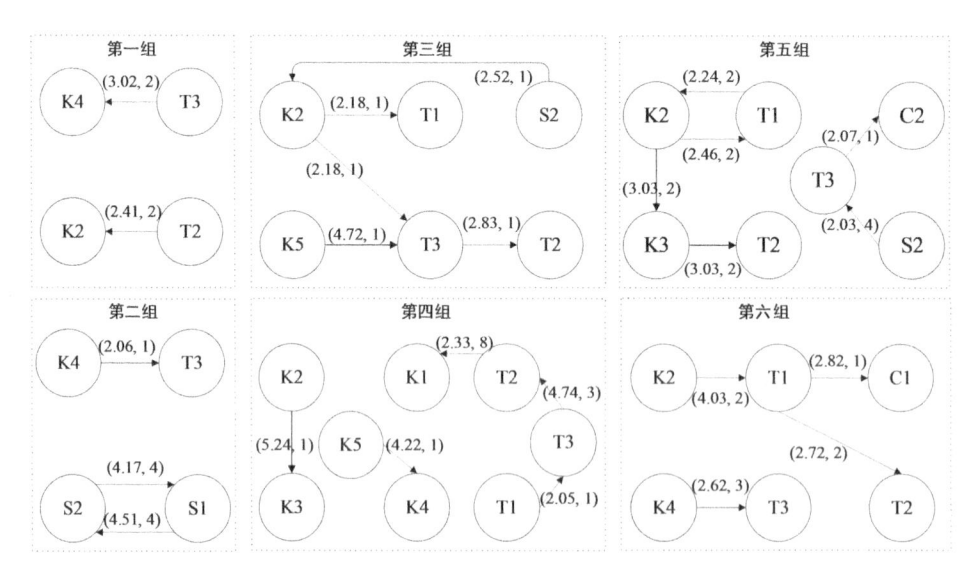

图 5-12　第一次专题讨论行为转换图

结合图中括号内的数值可知,大部分行为序列出现的次数较少,但仍然达到了统计意义上的显著水平。这也就意味着发起行为或者伴随行为要么不出现,一旦出现很有可能与另一行为同时出现。例如,第一组中的 T3→K4,以及 T2→K2。前者说明在教师表示认可后,学习者很可能会去改进观点;后者则说明教师提供的引导往往不够精准,学习者并没有完全理解,因而需要向教师询问确认。在第二组中,行为序列 K4→T3 指的是出现观点改进的发言时,教师紧接着表示了赞同和鼓励。尽管该行为序列出现的次数很少,但它能让学习者感受到教师对这一类型发言的认可。在第三组中,同样出现了教师的认可,主要是对 K2 和 K5 这两类发言,即讨论出现问答,或者基于已有讨论的内容发表新的观点时,教师很有可能会进行表扬。在第四组中,主要是出现了 K2→K3,表示的是当学习者对不同的观点进行解释后,很可能会提出更加综合的观点。在第五组中,也同样存在这种互动结构,甚至教师还会继续引导学习者进行观点的协商(K3→T2)。在第六组中,主要是出现教师对观点改进话语的认可,以及教师发布学习任务后学习者协商在线讨论的时间。

事实上,这些行为序列与教师的行为密切相关,反映出教师参与在线讨论的大致情况。其中,既有好的方面,也有需要改进的地方。教师能够在较为合适的时间节点进入讨论过程,例如,在学习者表现较好的时候进行正面的反馈。又或者通过一些引导策略,使得讨论能够更加深入。不过,这种引导需要特定的时机才能发挥作用。大多数情况下,只是给学习者提供了新的思考方向,并不能促进已有的讨论。甚至有的时候,学习者会跟不上教师的思路,这种引导反而会对在线讨论产生负面影响。

综上所述,各个小组的互动结构基本呈现出"学习者分享观点→学习者继续分享观点"的模式,中间穿插教师的引导和反馈,从而促进学习者之间的对话。这样的互动结构可以让小组快速累积大量的个人知识,却难以生成高质量的社会知识。尽管讨论过程中也出现了认知冲突,或者解决认知冲突的互动结构,例如,"观点分享→质疑解释""观点分享→观点协商""观点分享→观点改进""观点分享→观点总结"等,但由于出现的次数极少,并没有对整个局面产生较大的影响。整体而言,呈现出持续分享观点的讨论模式,以及其他各种类型的互动结构,可以认为是互动结构多样却低效。

(五)反思及总结

前文对师生评分结果、在线讨论会话内容特征,以及在线讨论互动结构等方面进行了论述,结合三次评价结果的比较与分析,分别得出以下反思与总结。

1. 第一次专题讨论评价结果反思与总结

(1)在线协作学习评价指标体系的可行性和有效性得到初步验证。

第一,评价指标体系能够较好地表征在线协作的过程。从师生的评价结果来看,根据在线协作学习评价指标体系能够得到各个小组的评分情况,且能够对小组的表现进行相应的区分。同时,这一评分结果与研究者采用内容分析所得到的会话特点、知识建构水平,以及与协作互动结构的特征能够较好地相互印证。那么,不仅师生可以对在线协作进行反思和评价,其他评价主体在全程参与或观察在线讨论以后,同样可以借助评价指标体系开展评价工作。甚至从某些方面来说,借助评价指标体系还能够得到更多有用的信息。由此可以说明,本研究构建的评价指标体系能够较为全面地表征在线协作学习。

第二,在线协作学习评价的实施更为简便和灵活。与复杂的内容分析相比,借助本研究构建的评价指标体系,师生对在线协作学习进行评价变得更为容易。无论是对过程进行反思,还是对最终的效果进行判断,在线协作学习评价指标体系都能够发挥其应有的作用。通过具体的评价指标,师生便可以对在线协作过程中的细节进行反思;通过对最终评分的结果进行计算,就能够判断知识建构所达到的大致水平。并且,从操作的难易程度,以及对结果的分析来看,师生的评价也体现出其优势。在教学过程中,师生能够快捷有效地实施评价,而无需进行更加复杂的编码和分析工作,这也使得它可以更好地满足改进教与学的需要。

第三,评价工具能够帮助发现和改进在线协作中的问题。通过师生评价的反馈,"讨论发散,各自为战"是第一轮在线讨论中出现的最大问题。在线协作学习的本质属性强调协作,也就是学习者之间要进行对话、交流和互动。这也就意味着,参与在线讨论的学习者之间需要"有来言有去语",而不只是简单地在同一个空间或者场域发表自己的观点。但是从师生的评分情况来看,任务互动的评价并不算太高,师生都认为交流和互动不够理想。而且,在会话内容和互动结构的分析中也印证了这一点。大多数情况下,学习者是在持续地分享自己的观点,但是却很少有人提出问题,或者出现观点争论需要彼此进行协商。甚至,面对上百条的讨论记录,各个小组也很少去进行总结和归纳,进而生成新的知识。那么,学习者之间实质上并没有发生对话,只是把自己的理解和思考表达出来而已。这个过程由于缺乏其他成员的参与,甚至不足以称为是协作学习。

尽管采用的平台在支持实时交互方面功能完善,可在线讨论的过程更像是每个学习者在论坛中发帖一般,即发挥了异步论坛的作用。并且,在功能上还存在一定的局限性。由于小组人数较多,一旦讨论开始,学习者的发言纷至沓来,掺杂在一起,最终导致无法正常查看其他成员的发言内容。而且,大部分小组缺乏一定的社会调节,既没有协商讨论开始的时间,也很少对讨论过程进行调整。那么,即便学习者希望与同伴进行对话和交流,也会因为缺乏讨论的论点而选择放弃。由此,也导致对工具有用性的评价不高。不过,这种问题也同样存在于异步论坛的交互当中,当发帖数量累积到一定程度时,其他学习者查看帖子内容同样存在一定的困难。由此可能导致学习者不得不重新发帖,或者重复发帖,甚至放弃参与讨论。实际上,这也就产生了所谓的"在线无协作"的问题。

如此一来,在线协作很难达到较高水平的知识建构。在这样的讨论过程中,仅仅是每个学习者的个人知识出现在了小组或者集体中,却没有做进一步的加工和处理。那么,即便是优秀的个人知识,也会因为杂乱无章而无法建构出有价值的、高质量的社会知识。同样地,对于个人知识建构而言,收获也极其有限。尽管可以看到不同的理解和思路,或者根据小组中的个人知识重新建构自己的理解,但由于发言内容可能被人为地切割划分为多条记录,查阅和学习的效果自然也会受到影响。因此,第一次专题讨论中出现的最大问题是小组讨论较为发散,没有集中对某个观点、知识、内容或者理论进行交流,导致师生的评价并不高,知识建构的水平也较低。

根据"任务互动"评价指标反映出的问题,师生通过课堂交流进行了讨论和协商,并提出了有针对性的解决方案,即引导有序讨论。第一次专题讨论中最大的问题在于缺乏深入的交流,学习者之间没有形成有效的对话模式。在线协作学习需要多样化的观点,但并不是发散的讨论。若每个学习者都只是自顾自地进行发言,那这并不是一种自由交流讨论的状态,也很难达到高水平的知识建构。因此,在不同的视角或者多样化的观点的基础之上,还需要引导学习者进行有序的讨论。

所谓引导有序讨论,指的是要求学习者进行在线的计划、协调和评估,尤其是不能随意另起话题。当观点相似时,可以进行补充和说明,或者提出改进的建议;当观点不同时,可以进行提问,要求他人进行解释,即要在已有发言的基础上,与他人进行对话,并非一定要发起新的话题讨论。若确有必要发起新的话题讨论,可以在当前话题讨论结束,或者出现相关发言内容时提出,也可以要求教师或者组长在恰当的时候抛出话题。同时,在实际的讨论过程中,教师或者小组组长也需要对此进行关注,作出相应的干预。如此,小组的在线讨论才能够条理清晰、思路明确,从而建构出高质量的集体知识。相应地,也更有利于小组成员找到其中的线索,进行个人的知识建构。

因此,根据本次专题讨论的评价结果,对教与学所做改进主要体现在引导有序讨论。结合在线协作学习的评价指标及其权重,二级指标任务互动在整个指标体系中所占的权重达到0.25,而这一策略正是为了解决任务互动表现不佳的问题。此外,根据学习者的反馈建议,也对问题设计方面进行了相应的调整。对于后续两次专题讨论的问题,增加了自选教材内容的设计,学习者可以根据自己的兴趣来选择章节内容进行分析和讨论。如此一来,既可以更好地体现以学习者为中心的理念,也可以激发学习者的兴趣。同时,充分发挥平台的功能,进行异步分享和同步讨论,即正式讨论开始前可以随时发表自己的观点,讨论开始后进行有序的讨论。

(2)在线协作学习评价指标在应用过程中存在部分不同的理解。

对于评价指标体系本身而言,它的科学合理性得到了验证,但在实施和应用过程中,仍然反映出一定的问题。通过师生的评价和反馈,不仅能够发现学习者学方面的问题,还可以查找教师教方面的不足。教师直接进行教学反思也能够发现一些问题,但那往往是对成熟型教师或专家型教师而言。对于新手教师来说,尤其是对开展在线协作学习方面经验不足的教师而言,本研究构建的在线协作学习评价指标体系能够提供一定的帮助和指导。根据师生的反馈得知,教师和学习者对于如何参与在线协作学习,以及预期所要达到的教学目标理解并不一致,由此也直接导致了师生对部分评价指标的理解存在差异。从师生的评价结果来看,这些差异主要表现在能动参与方面的评价指标上,例如"独立思考",以及师生互动方面的评价指标上,例如"认知反馈"。

从能动参与方面来看,学习者自评的结果表明,大部分小组成员都认为自己积极地参与了在线讨论,并且这个过程中有认真地对问题进行思考,也在讨论过程中有所收获。然而,教师给出的评价并不是如此。教师更多的还是认为学习者参与的积极性不够,独立思考不足,最终参与质量也不高。但根据学习者的访谈情况来看,二者给出的评价都较为中肯,对评价指标的理解也基本一致,只是所持的立场有所不同。

学习者认为,课程内容较为简单,通过在线协作学习可以学到更多的内容和知识,因此,他们愿意积极地参与在线讨论,并根据讨论的话题去查找相关资料与其他同学分享。那么,学习者不可避免地大量分享文献中他人的观点,出现"复制粘贴"的现象,造成"刷屏"的问题。而在教师看来,课程学习的重点并不在于理解知识,而是结合课程内容进行分析、应用,以及评价和创造,这需要学习者进行深刻的思考,结合切身的经验和体会参与讨论。因此,当讨论中出现"浙江高考选考信息技术""信息技术课程开设的地区差异"等内容时,教师都会对学习者表示认可和赞许。如此一来,教师和学习者在对小组的表现进行评价时,自然会出现较大的差异。尽管教师并没有完全否定学习者参与在线讨论的表现,但也没有给出很高的评价。对于学习者而言,他们的学习态度和学习投入是值得认可的,只是需要转变对课程学习的认识和定位。

从师生互动方面来看,学习者同样给予了较高的评价,而教师的评价略低。对学习者来说,教师参与在线讨论能够营造更强的教学存在感,学习的积极性更强,满意度也更高,自然评价结果也更好。但问题是,教师还是发现了其中的不足。在讨论开展的初期,教师并不能提供有效的教学支持。尤其是出现"刷屏"时,着实令人头疼,引导和干预无从下手。相应地,教师在对认知反馈和情感支持方面进行评价时,也没有给出较高的分数。而且,大部分小组并未提前约定开始讨论的时间,或者没有进行在线协商,导致教师需要面对突如其来的在线讨论。在缺乏准备的状态下,教师还是会略显被动,不能很好地为小组开展在线讨论提供引导和帮助。因此,学习者建议教师能够提供更多的教学引导。

同时,学习者持续地分享自己的观点和内容,导致彼此之间很少进行对话交流,还可能存在另一方面的原因。教师发布讨论任务和主题后,学习者的确进行了一定的思考,也查找了相关的资料,从而获得了自己的理解和认识。否则,在线讨论开始后,各个小组的成员无法快速发言,更遑论出现"刷屏"的现象。这种发言状态最大的弊端在于,并不能让其他成员感受到"他要与我交流"的意图,即交流的对象似乎另有其人。在学习者的反馈中甚至提到,"感觉如果我跟他讨论好像是打断了他和别人的对话"。根据教师的反思,学习者的发言更加类似于回答教师的问题,完成教师布置的作业,而不是与同伴进行讨论,这种情况在MOOC论坛等异步讨论的状态下也时有发生。更有甚者,为了能够让教师看到自己对问题的独特见解,学习者尽可能从不同的视角去发表观点,或者换种方式表达相似的观点。当这种类型的发言出现在实时交互的过程中,并且教师恰好也参与了讨论时,无形中会强化师生问答的意味,从而导致在线协作学习的属性被淡化。

除此之外,部分学生还对评价工具本身提出了反馈意见。其中,主要聚焦评分表中呈现的题项数量问题。在第一次专题讨论的评价过程中,主要参照 28 个三级指标分别进行打分评价。学生反馈,这些指标对于在线协作学习过程的表征十分详细,但实际进行评价时却很难完全客观地对每一项三级指标进行评价。相反,由于指标之间的关联性,归属于同一个二级指标的一些题项常常评分相近。在教师的反馈意见中,也包含类似的观点。并且,教师认为,若给出的指标或题项过多,无疑会给学生参与评价增加一定的工作量,反而可能影响他们的积极性,甚至出现随意填写评分表的情况。

(3)评价指标的明确解释与评分题项的合并。

经过对第一次专题讨论的评价,表明本研究构建的在线协作学习评价指标体系总体上是合理有效的,但还存在有待进一步解决的一些问题。它们主要表现在评价工具本身,以及评价实施的过程中,需要制定相关的改进方法和策略加以完善和优化。

首先,重新强调学习目标。师生需要进一步明确学习的目标,它既是简单的,也是必要的。在促进学习的评价中,明确学习目标也是其中一条重要且可行的策略。利用课堂教学的评价反思时间,教师详细阐述课程总体的学习目标,以及为了达成各个阶段学习目标而设计的相关学习活动,帮助学习者意识到课程学习的重要性。当然,明确学习目标最重要的一种方式是为学习者提供评价量规,以此来传递在线讨论所要达成的学习目标。因此,教师需要进一步解释在线协作学习的评价指标体系。那么,学习者参与在线讨论也能够发挥自我导向作用,以更好的方式参与其中。尤其是能动参与方面的"独立思考"指标,它评价的是学习者自己对问题的理解和认识,而不只是转述他人的观点;师生互动方面的"认知反馈"指标,它评价的是教师对在线协作提供的实质性帮助,而不只是让学习者产生新的学习体验。通过课堂交流使得师生对课程学习,对在线协作学习的目标理解趋于一致。由此,可试图解决师生对能动参与及师生互动指标理解的差异问题。

其次,合并评分题项。在本研究的教学实践过程中,师生共同参与评价的主要目的在于帮助反思和改进在线协作的过程,不断达到更高水平的知识建构。经过第一次专题讨论的评价之后,师生对评价指标体系更加熟悉,尤其是重申学习目标以后,对评价指标所表征的问题也更加明确。因此,对评分表中的题项进行合并处理,师生评价时只需对归属同一个二级指标的题项进行总体打分。由此一来,原有的28个题项变为10个题项,师生评价的过程相对简化,对结果的呈现也更为直观。

2. 第二次专题讨论评价结果反思及总结

根据第一次专题讨论评价的反馈建议,采取了相关的干预策略,从而优化了在线协作学习的评价指标体系及其实施过程。通过对在线协作学习表现评分结果、在线协作学习会话内容,以及在线协作互动结构的分析,第二次专题讨论的表现有了较大的改善,各个小组在独立思考和任务互动方面表现更好,使得在线讨论更为深入,知识建构水平也更高。由此说明,参照在线协作学习的评价指标进行分析,并依据指标权重能够更加精准和有效地解决问题。同时,根据师生评价的实施,以及各类评价主体评价结果的相互印证,进一步验证了在线协作学习评价指标体系的可行性和有效性。

(1)在线协作学习评价发挥了导向和促进作用。

在第一次专题讨论的过程中,由于对部分评价指标的理解出现了偏差,导致学习过程中产生了诸多问题。例如,对"独立思考"理解的偏差,导致学习者发言过程中出现了大量复制粘贴的观点。而在本次专题讨论过程中,通过重新明确学习目标,学习者进一步明确和理解了评价指标,并能够以此来约束自己的学习行为。相应地,发言过程中能够更多地表达自己的观点和见解,而不再是简单地转述或引用。即通过第一轮的干预措施,在线协作学习的评价得到了完善和优化,能够更好地发挥导向作用。

此外，第一次专题讨论结束后，还根据指标权重提出了改进教学的策略。即通过"引导有序讨论"来解决讨论发散的问题，最终达到了"讨论聚焦"的效果。当各个小组按照"任务互动"指标的要求参与在线协作时，实现了较高水平的知识建构。在本次专题讨论过程中，师生对任务互动方面的表现都给出了不错的评价，各个小组的在线讨论能够聚焦，小组成员的对话能够有中心点，并逐渐地深入交流。通过对会话内容和互动结构的分析也发现，各个小组出现了较多的质疑解释、协商共建、测试修正，以及应用新知识的对话。经过教学干预策略的实施后，小组开始聚焦讨论，并初步形成了某种在线讨论的模式，从而使得在线协作学习的表现得到改善，知识建构的水平也得到了提高。由此可以认为，在线协作学习评价发挥了促进作用。

（2）"师生互动"与"社会互动"之间可能存在混淆。

尽管师生对二级指标"任务互动"给的评分都较高，但并不能说明小组讨论聚焦以后，所有问题都迎刃而解了。相反，在线讨论过程中还出现了新的挑战，即部分学习者存在边缘参与的行为。"任务互动"强调的是学习者之间交流和讨论，当出现边缘参与时，可能会导致该指标的评分偏低。这也进一步引发了对学习者"边缘参与"背后原因的关注，以及对"师生互动""社会互动"指标的反思。以下结合师生的反馈信息做具体分析。

关于"边缘参与"的成因，一方面，教师的干预行为更加精准，入场时间相对提前，使得部分学习者一发表言论就被打断。那么，他不得不参与当前话题的讨论，这可能导致他之前的思考和准备变得毫无意义。当然，学习者可以在下一阶段继续提起自己的话题，与小组成员共同讨论，这也是引导有序讨论策略的本意所在。但问题是，学习者并没有这样做，而教师或者其他成员往往也很难注意到这一点。况且，并不是每个小组都如第二组或第五组那般，存在一名小组成员协调着整个讨论的过程。因此，这种打断行为或多或少会对部分学习者产生消极影响。

另一方面，讨论聚焦也就意味着必然存在一个焦点，而这个焦点自然是个别学习者提出的或者部分学习者共同想要探讨的话题。那么，其他学习者也需要参与这个话题的讨论。当讨论形成初步的模式后,它就转变为一种不成文的约定,即需要等待他人发起话题讨论。但问题是,话题需要有人来提出,若是无人提出,在线讨论也会陷入困境。当然,这种情况很少发生,在教师的要求或者小组组长的协调下,始终会有小组成员发起讨论话题。只不过这可能导致在线讨论的内容较少,例如,第三组和第四组的表现情况。

同时,发起话题后得不到回应的情况也有可能发生。与第一次专题讨论截然不同,每个学习者都过于积极地分享自己的观点,使得在线讨论看起来十分活跃,但其实发言杂乱无章,没有形成有效的讨论模式。而在第二次专题讨论过程中,得益于各个小组形成了基本的在线讨论模式,每个学习者都清楚地知道,一个话题抛出后,接下来只需要有成员按部就班地参与讨论,就能够达到高水平的知识建构。甚至有学习者提出,可以按照在线协作学习的评价指标合理地参与在线讨论,即采取边缘参与的形式,同样可以促进知识建构。例如,部分学习者只是在一个阶段的话题讨论结束时进行总结,建构出新的观点,或者恰好出现了不理解的内容,而进行提问。

不可否认,这种边缘参与在短期内并不会影响在线讨论的效果,甚至还在某种程度上验证了本研究所构建的在线协作学习评价指标体系的有效性。但长期来看,它必然是一个较大的隐患。无论是缺乏自信,还是边缘参与,都意味着小组中存在没有积极地参与在线协作的学习者,至少从讨论过程的实际感知情况是如此。如此一来,不可避免会对其他小组成员产生消极影响,这也是师生对学习信念评分相对较低的主要原因。但矛盾就在于,师生都认为任务互动方面表现较好。

事实上,这与教师的参与密切相关。在小组的讨论过程中,教师更多的是扮演学习者同伴的角色,而不是权威指导者的角色。无论是师生之间,还是生生之间,发生的都是一种较为平等的对话和交流。那么,对于学习者而言,在线讨论的过程中"教师"和"学习者"之间的界限变得较为模糊。因此,尽管"任务互动"指标强调的是学习者之间的交流与互动,但当小组的在线讨论确有成效的时候,师生的评价很难明确地区分它究竟反映的是学习者之间的社会互动,还是师生互动。当然,从师生的反馈中可知,在线协作学习评价指标体系中的"社会互动"与"师生互动"并不难区分,尤其是三级指标的描述,能让评价者更好地去理解指标的具体表征。当然,另一方面的原因也可能源于评分表题项的合并与缩减。评分题项主要从二级指标层面进行表述,"任务互动"方面没有着重突出学习者之间的交流和互动,从而导致评价者没有把教师的参与情况与任务互动进行区分。但整体而言,评价指标本身并没有太大的问题,关键还是在评价实施过程中需要准确地理解和把握。

(3) 督促学习者承担在线协作的主体责任。

本次专题讨论的评价过程中,反映出了可能存在的问题,即师生对"社会互动"和"师生互动"理解的混淆。最为直接的做法是强调"社会互动"方面的题项指的是对学习者之间互动的评价,而"师生互动"方面的题项指的是对教师参与在线协作表现的评价。但是,某种程度上来说,这种混淆也是由教与学方面的问题而引发的评价方面的问题。因此,解决问题的关键还是在于减少"边缘参与"的现象,督促学习者承担起自己的责任。在小组形成基本的在线讨论模式的基础上,进一步确保每个学习者都参与其中,为知识建构作出贡献。根据在线协作学习评价指标,"边缘参与"主要对应的是二级指标学习信念方面,所占权重在整个指标体系中达到 0.12,仅次于任务互动和独立思考。相应地,主要提出以下两条干预策略和建议。

首先,随机挑选成员汇报。在以往的课堂汇报中,主要由各个小组自由安排成员进行汇报。当小组汇报结束后,其他小组的学习者还会与汇报者进行一些问答互动,相应地,教师也会进行提问,以及对小组的整体表现进行点评和反馈。不过,在线讨论内容的整理工作也是由汇报者来完成的,这也就意味着,即便汇报者没有全程参与在线讨论,也能够对其中的内容有一定的了解,在课堂汇报过程中也基本可以应对自如。为了让每个学习者都积极地参与在线讨论,就需要打破这种稳定的状态。因此,主要借助智慧教室的随机挑人功能,让各个小组的课堂汇报者随机产生,并要求其汇报所在小组的讨论过程及主要内容。具体来说,包括在线讨论的主要话题和结论,某个知识点的建构过程,以及汇报者自身在整个讨论过程中的贡献情况。那么,若是学习者没有全程参与在线讨论,课堂汇报时便可能会陷入困境。事实上,当汇报者需要讲述自己的贡献时,也促使缺乏自信的学习者发起自己的话题讨论,否则汇报时很可能无话可说。如此一来,可以督促学习者参与所在小组的在线讨论,为小组的知识建构作出贡献。同时,也督促学习者进行反思,从而更好地建构个人知识,实现深度学习。

其次,展示成员贡献。部分学习者认为,参与在线讨论的小组成员较多,其他人并不会关注到自己,因此,容易出现边缘参与的现象。事实上,借助 QQ 群的群聊等级功能,可以直观地看到每个学习者的活跃程度。群聊的等级越高,发言次数越多,参与讨论也就越积极。因此,通过展示小组成员的群聊等级,并与其他小组的情况进行比较时,能够激励学习者积极参与在线讨论。当然,也有学习者提出可能会引发"水帖"或者"刷屏"的问题。但实际操作以后发现,这种现象并不容易产生。若在讨论进行的过程中随意发言,必然会打乱已有的讨论节奏,学习者并不会采取这样的方式,毕竟它会影响整个讨论的氛围。而若是在讨论开始前或者结束后,则更不会有人随意发言。因为这不仅会影响到其他的成员,自言自语也会令其感到尴尬。因此,通过展示成员贡献也能够督促学习者积极地参与在线讨论。

3. 第三次专题讨论评价结果反思及总结

在第三次专题讨论的过程中,师生都参与了对各个小组表现的评价,从中发现了在线协作学习过程中存在的问题。并且,从第二次和第三次的学习和评价来看,当确切地说明在线协作学习评价指标的含义及其表征后,师生对在线协作学习的理解和开展变得更加准确。同时,根据评价指标的表征及其所占的权重,师生可以更加精准地协商讨论问题解决的办法,例如,参照"任务互动"指标,提出"引导有序讨论"解决讨论发散的问题;参照"学习信念"指标,提出"展示成员贡献"解决学习者边缘参与的问题。

尽管在具体的评价实施过程中,出现了评价者对评价指标理解不一致的问题,但通过两轮评价实施的不断优化,这个问题得到了解决。并且,这个问题的存在也有积极的一面,即对改进教学来说具有一定的促进作用。师生基于各自的立场对评价指标进行理解,并对在线协作学习过程进行评价,评价所得的结果也并非完全一致。由于师生共同参与评价和反馈,针对差异可以做进一步的交流,从而帮助更好地分析和解决问题。

尤其在本次专题讨论的评价中,教师进行了更多的反思。在线协作学习的过程中,师生之间并不能完全实现深度沟通,对教师而言,主要依靠在线的表现情况进行判断和评价。但这种时空的间隔,实际上隐藏掉了许多重要的信息。在本次专题讨论的师生评分结果中,表现最为明显的就是师生在学习信念指标和问题设计指标方面的评分差异。

从学习信念方面来说,教师通过 QQ 群中讨论的情况,能够直接发现部分小组的参与不够积极,却并不能直接分析出根本原因。若学习者的立场与教师完全一致,那么问题产生的原因可能始终无法得到解释。恰恰是这种不同主体的参与,才能把问题背后的真相逐渐揭露出来,即在教师发现学习者积极参与时,小组的自评仍然认为学习信念方面的表现有所不足,从而引起教师的重视。由此,教师也开始反思,自己在情感支持方面的表现是否真的到位,尤其是对学习者的关心和理解方面。当学习者未能积极地参与讨论时,通过屏幕与互联网,教师能否找出背后的原因所在。

另外,在教师无法找到学习信念表现不佳的原因时,学习者还通过问题设计表现不佳进行反馈。事实上,尽管问题设计方面未做较大的调整,但第二次和第三次讨论依然观察到了小组表现的不断完善。在很大程度上,这使得教师未能重视在线讨论话题方面的设计。然而,这并不能直接说明这方面无需改进。并且,在每次的评价中,学习者都或多或少对这方面表达了一定程度的不满意。当然,在线协作学习评价指标体系中,问题设计指标的权重(0.09)也反映了它的重要程度排在任务互动(0.25)、独立思考(0.15)、学习信念(0.12)的后面。因此,这使得问题设计在教学过程中仅做了轻微的调整,即通过自选章节内容来激发学习者的兴趣,但并没有进行更加细致的改进。如此一来,这也成为后续需要进一步研究与探讨的问题。

尽管对于问题设计的好坏无法做出确切的评判,但在线协作学习表现的改善却是事实。这也说明，师生的共同参与和努力，能够更好地解决学习中遇到的问题，从而实现高水平的知识建构，促进深度学习。尤其是师生共同参与评价，协商制定干预措施，使得问题的分析和解决的方案更为精准。当然，其中也体现出在线协作学习评价指标体系的作用，不仅可以帮助师生发现和分析问题，还能够根据指标权重判断解决问题的关键，从而找到更为合适的方法或策略，促进在线协作学习，实现更高水平的知识建构。因此，可以认为，本研究所构建的在线协作学习评价指标体系能够用于教学实践，帮助师生反思和改进在线协作学习过程中存在的问题。

第六章
研究结论及展望

在线协作学习的评价需要有效的评价工具和方法,才能更好地促进知识建构,这也是本研究的基本出发点和最终目标。本书基于社会建构主义学习理论、教学系统设计理论、探究社区理论,分析了在线协作学习评价的理论框架,并设计开发了评价指标体系;同时,在实际的教与学活动中进行了评价的实施与应用,从而检验了评价工具的适用性和有效性,并为在线协作学习的知识建构水平分析提供了参考。

一、研究结论

(一)构建了在线协作学习的评价指标体系

本研究基于社会建构主义理论、教学系统设计理论、探究社区理论,把在线协作学习解构为教与学的过程,并结合学习者、教师和技术三大要素进行分析,重点关注学习者个人层面、学习者与学习者之间的互动层面、学习者与教师的互动层面,以及技术的支持层面,进而提出了面向知识建构的在线协作学习评价框架,包括能动参与、社会互动、师生互动和技术支持四个方面。在此基础上,邀请15位专家进行咨询和判断,确定在线协作学习评价的具体指标及其权重,形成了在线协作学习评价指标体系(见表4-16)。该指标体系共包含4个一级指标、10个二级指标,以及28个具体的三级指标。在一级指标权重方面,社会互动

(0.4331)>能动参与(0.2728)>师生互动(0.1995)>技术支持(0.0946)。在二级指标权重方面,任务互动(0.2472)>独立思考(0.1535)>学习信念(0.1193)>社交互动(0.0940)>社会调节(0.0919)>问题设计(0.0852)>认知反馈(0.0716)>感知有用(0.0527)>情感支持(0.0427)>感知易用(0.0419)。同时,还在实际的教与学活动中进行了实施与应用,能够反映在线协作学习的表现情况,并且能够帮助发现和分析在线协作学习过程中出现的问题。此外,根据评价指标及其权重制定的针对性策略也能够较好地解决现实问题,不断地改进和完善在线协作学习。

(二)优化了在线协作学习评价的实施过程

基于在线协作学习评价指标体系,师生共同参与实施了形成性评价,帮助师生发现问题、分析问题,以及解决问题。借助在线协作学习的评价指标,师生共同参与评价和反思,并从师生反馈的结果中发现了问题。同时,师生还根据评价反馈进行沟通和协商,围绕评价指标体系及其应用过程进行优化和改进。通过明确解释评价指标,改善了师生对部分评价指标的理解出现差异的问题。师生的全面参与和共同建构,也更好地发挥了评价的导向作用,让师生更加清楚地知道该如何参与在线协作学习活动,以及如何才能达到更高水平的知识建构。如此一来,实际上也验证了在线协作学习评价指标体系的可行性和有效性。

(三)构建了在线协作学习会话编码框架

各个小组在线讨论的文本内容需要借助编码框架进行挖掘和分析,本研究对已有编码框架进行了相应的修改和完善,从而构建了在线协作学习会话编码框架。该框架基于探究社区理论进行设计,主要借鉴参考了 Koh、Gunawardena 等人的编码框架,综合考虑了认知层面、教学层面,以及社会-情感层面等要素。最终,该框架共设计了四种类型的编码:(1)认知互动型会话,主要可以细分为 K1 分享和比较、K2 质疑和解释、K3 协商和共建、K4 测试和修正,以及 K5 应用新知识;(2)教学引导型会话,主要可以细分为 T1 直接教学、T2 促进对话,以及 T3 干预反馈;(3)任务协商型会话,主要包括 C1 计划和安排,C2 协调和评估;(4)社交相关型会话,主要包括 S1 问候闲聊,S2 情绪表达。在评价的具体实施过程中,主要采用该编码框架对各个小组的发言内容进行编码和分析,说明在线讨论的对话内容可以划归到上述编码类型。并且,在三次的编码过程中,不同编码者的编码结果都能够达到较高的一致性,说明编码框架具有较好的信效度。

二、研究创新点

在已有研究和实践的基础上,本研究从评价的视角对在线协作学习存在的问题进行了分析和梳理,提出了可能的解决方案,并通过教学实践进行了验证。因此,本研究的创新点主要表现在两个方面:一是理论层面有了进一步的丰富、完善和发展;二是应用层面为教学提供了若干建议。

第一,构建了面向知识建构的在线协作学习评价指标体系。在线协作学习强调以学习者为中心,这主要是基于社会建构主义理论,但以往的研究大多过于强调学的层面,而忽略了教的层面,并不是对建构主义理论的完整表达。因此,本研究基于探究社区理论,把师生互动纳入指标体系,从而强调教的层面对在线协作学习的促进作用。以往的评价指标中大多关注学生发展的认知层面,而对社会情感、协作能力这些非认知层面的因素考虑较少,而在本研究的评价指标体系中,对社交互动、社会调节等指标进行了考虑。此外,还针对技术支持方面的因素,设计了相关的评价指标。由此,回应了在线协作学习评价工具方面的问题。同时,也解决了缺乏有效工具而导致评价实施成效不足的问题。

第二,形成了提升在线协作互动质量和参与度的若干策略。通过三轮的师生评价、反馈和改进,发现并解决了在线协作学习中可能出现的一些问题,从而形成了若干有效的干预策略。具体包括:"引导有序讨论""随机挑选成员汇报""展示成员贡献"。同时,这些策略也对教师如何参与和引导在线协作学习提供了参考。首先,教师应帮助学习者明确学习目标,让学习者能够进行高质量发言和参与。其次,应引导小组进行有序讨论,这也是在线协作的重中之重,避免出现混乱的场面影响讨论的正常进行。最后,还需督促每个学习者积极地参与讨论,为知识建构贡献自己的力量。

三、不足及展望

本研究构建了面向知识建构的在线协作学习评价指标体系,并在实证研究过程中进行了运用,从而验证了评价工具本身的适用性和有效性。但由于研究时间和精力的限制,仍然存在许多问题值得在后续进一步研究。

在非认知因素方面,各个小组对社交互动、社会调节方面的评价还是存在些许差异,实际情况也反映出其中的不同。不过,这些方面所反映的问题并不突出,在实践过程中并没有进行深入探讨和研究。但第五组的情绪表达所营造的氛围,体现出的小组凝聚力明显会影响在线协作。同时,后两次专题讨论过程中出现的社会调节方面的会话,也存在相同的作用,即社交互动和社会调节方面究竟会对在线协作学习产生怎样的促进作用,还有待于进一步分析和研究。

在教学因素方面,学习者的反馈主要体现在问题设计方面。由于课程内容方面带来的一些限制,尤其是第二次和第三次在线协作学习有明显改善,导致对讨论问题的设计方面并未进行较大的改进。但实际上,问题设计还是对在线讨论的开展和深入有着一定的影响。在后续研究中,还可以进一步分析针对不同类型的问题开展在线协作学习的表现。并且,在第三次专题讨论的师生评价结果中,实际上还反映出了教师在情感支持方面的不足。这也可以做进一步的分析和探讨。

此外,还包括技术支持方面。本研究选取的在线讨论平台为社交属性较强的实时交互平台,并且是经过与学习者的商议而选定的。尽管最终学习者并没有反馈过多的意见,但第一次专题讨论中出现的"刷屏"问题还是值得关注。在后续研究中,可以进一步关注社交媒介对在线讨论的影响。

参考文献

一、中文文献

[1]何克抗,林君芬,张文兰.教学系统设计[M].北京:高等教育出版社,2006.

[2]何克抗,郑永柏,谢幼如.教学系统设计[M].北京:北京师范大学出版社,2002.

[3]马志强.在线学习评价研究与发展[M].北京:中国社会科学出版社,2017.

[4]任友群,黄荣怀.普通高中信息技术课程标准(2017年版2020年修订)解读[M].北京:高等教育出版社,2020.

[5]许树柏.实用决策方法:层次分析法原理[M].天津:天津大学出版社,1988.

[6]查普伊斯.学习评价7策略:支持学习的可行之道[M].刘晓陵,等译,上海:华东师范大学出版社,2018.

[7]古贝,林肯.第四代评估[M].秦霖,等译.北京:中国人民大学出版社,2008.

[8]加涅,等.教学设计原理[M].皮连生,译.上海:华东师范大学出版社,2000.

[9]莱斯利·P.斯特弗,杰里·盖尔.教育中的建构主义[M].高文,等译,上海:华东师范大学出版社,2002.

[10]迈克尔·托马塞洛.人类思维的自然史:从人猿到社会人的心智进化之路[M].苏彦捷,译.北京:北京师范大学出版社,2017.

[11]甘永成.虚拟学习社区中的知识建构和集体智慧研究[D].上海:华东师范大学,2004.

[12]钟志贤.面向知识时代的教学设计框架[D].上海:华东师范大学,2004.

[13]谢幼如.网络课堂协作知识建构模式研究[D].重庆:西南大学,2009.

[14]王春丽.发展学习者协作能力的设计研究[D].上海:华东师范大学,2019.

[15]郑旭东.面向我国中小学教师的数字胜任力模型构建及应用研究[D].上海:华东师范大学,2019.

[16]韩春玲.在线学习中异步讨论评价指标体系构建研究[D].兰州:西北师范大学,2018.

[17]李热爱.计算机支持的协作学习效果评价研究[D].南昌:江西财经大学,2009.

[18]李园乐.CSCL环境下聋人大学生协作学习评价模型构建[D].长春:东北师范大学,2010.

[19]沈婵.基于社会建构主义学习理论的CSCL质量研究[D].长沙:湖南师范大学,2010.

[20]杨军.基于同步对话的CSCL学习协同过程的评价指标与引导策略研究[D].北京:首都师范大学,2014.

[21]陈如.教育评价模式与发展特征探析[J].江苏高教,2000(01):71-74.

[22]陈斌.知识建构教学的学习评价设计研究[J].开放教育研究,2017,23

(02):55-63.

[23]陈向东,罗淳,张江翔.共享调节:一种新的协作学习研究与实践框架[J].远程教育杂志,2019,37(01):62-71.

[24]高洁.在线学业情绪对学习投入的影响——社会认知理论的视角[J].开放教育研究,2016,22(02):89-95.

[25]高强,丁慧媛.沿海地区适度规模现代农业发展水平测算——基于多种权重计算方法[J].山西财经大学学报,2012,34(01):41-51.

[26]顾小清,王春丽,王飞.回望二十年:信息技术在教育改革与发展中的历史使命及其角色[J].电化教育研究,2017,38(06):9-19.

[27]何克抗.建构主义的教学模式、教学方法与教学设计[J].北京师范大学学报(社会科学版),1997(05):74-81.

[28]何克抗.也论教学设计与教学论——与李秉德先生商榷[J].电化教育研究,2001(04):3-10.

[29]核心素养研究课题组.中国学生发展核心素养[J].中国教育学刊,2016(10):1-3.

[30]江毅,何晓萍,万昆.翻转课堂中协作学习的效果与策略研究[J].现代教育技术,2016,26(03):80-86.

[31]江毅,王炜,康苗苗.基于行为序列分析的师生互动效果研究[J].现代远距离教育,2019(06):53-61.

[32]江毅,等.智慧教室环境下师生互动行为研究[J].现代远距离教育,2019(03):13-21.

[33]姜卉,张振虹,黄荣怀.在线协作学习中教师交互言语特征分析——以《e-Learning导论》在线课程为案例[J].中国电化教育,2008(04):35-38.

[34]蒋志辉,等.在线学习者感知的教师支持行为模型构建[J].中国电化教育,2018(11):103-110.

[35]金慧,张建伟,孙燕青.基于网络的知识建构共同体:对集体知识发展与个体知识增长的互进关系的考察[J].中国电化教育,2014(04):56-62.

[36]兰国帅,等.探究社区量表中文版的编制——基于探索性和验证性因素分析[J].开放教育研究,2018,24(03):68-76.

[37]李海峰,王炜.5G时代的在线协作学习形态:特征与模式[J].中国电化教育,2019(09):31-37+47.

[38]李海峰,王炜.计算机支持的协作学习的研究谱系与发展动态[J].中国远程教育,2019(03):23-33.

[39]李海峰,王炜.计算机支持的协作学习研究热点与趋势演进——基于专业期刊文献的知识图谱可视化分析[J].现代远距离教育,2019(01):67-76.

[40]李海峰,王炜.面向问题解决的在线协作知识建构[J].电化教育研究,2018,39(01):36-41+67.

[41]李玉顺,邹佳君,王屏萍.教师支持对在线学习者交互程度影响的研究——以高中语文学科"双课堂"教学为例[J].中国电化教育,2019(05):114-119.

[42]琳达·哈拉西姆,肖俊洪.协作学习理论与实践——在线教育质量的根本保证[J].中国远程教育,2015(08):5-16+79.

[43]刘斌,张文兰,刘君玲.教师支持对在线学习者学习投入的影响研究[J].电化教育研究,2017,38(11):63-68+80.

[44]刘黄玲子,黄荣怀.协作学习评价方法[J].现代教育技术,2002(01):21-26+73.

[45]马志强,管秀,汪一池.以学习者为中心的评价何以可能——以学习者自主评价与同伴互评发展口头汇报能力[J].开放学习研究,2019,24(04):23-32.

[46]马志强,等.网络同伴互评中反馈评语的类型与效果分析[J].电化教育研究,2016,37(01):66-71.

[47]马志强,闫雪静,张红英.网络协作学习个体贡献度评价的设计与应用[J].现代教育技术,2018,28(10):87-93.

[48]马志强.问题解决学习活动中知识建构的过程与规律研究[J].电化教育研究,2013,34(01):26-31+40.

[49]马志强.问题解决在线学习活动设计与应用的实证研究[J].中国电化

教育,2012(12):41-46.

[50]牟智佳,苏秀玲,严大虎.课堂环境下基于教学行为的教师教学投入度评测建模研究[J].现代远距离教育,2020(03):61-69.

[51]牟智佳,武法提.MOOC学习结果预测指标探索与学习群体特征分析[J].现代远程教育研究,2017(03):58-66+93.

[52]穆肃,雷艳,刘海星.学习者了解在线协作学习吗?——在线协作学习感知分析[J].开放教育研究,2016,22(03):71-81.

[53]彭绍东.从面对面的协作学习、计算机支持的协作学习到混合式协作学习[J].电化教育研究,2010(08):42-50.

[54]彭绍东.混合式协作学习中知识建构的三循环模型研究[J].中国电化教育,2015(09):39-47.

[55]石娟,黄洁.基于问题的Web-CKB的学习绩效内容体系的构建[J].现代教育技术,2011,21(04):84-87.

[56]田华,魏登峰,孟琦.网络协作学习评价指标体系的开发与实践[J].电化教育研究,2010(07):73-76+81.

[57]王陆.虚拟学习社区社会网络位置与知识建构的关系研究[J].中国电化教育,2010(08):18-23.

[58]王泰,杨梅,刘炬红.慕课论坛中教师回复对学生认知发展的作用——基于布鲁姆认知分类学[J].开放教育研究,2020,26(02):102-110.

[59]王洋,等.网络探究社区教学性存在测量框架[J].开放教育研究,2019,25(06):103-111.

[60]吴祥恩,陈晓慧,吴靖.论临场感对在线学习效果的影响[J].现代远距离教育,2017(02):24-30.

[61]谢幼如,宋乃庆,刘鸣.基于问题的网络课堂协作知识建构模式[J].电化教育研究,2010(01):36-38+47.

[62]谢幼如,宋乃庆,刘鸣.网络课堂协作知识建构的群体动力探究[J].电化教育研究,2009(02):55-58.

[63]徐刘杰,陈世灯.学习者知识建构的社会认知网络[J].开放教育研究,2017,23(05):102-112.

[64]杨惠,吕圣娟,王陆,彭艳均.CSCL中学习者人际交往对高水平知识建构的影响[J].开放教育研究,2009,15(01):81-86.

[65]杨惠,吕圣娟,王陆,王彩霞.CSCL中教师的教学组织行为对学习者高水平知识建构的影响研究[J].中国电化教育,2009(01):64-68.

[66]杨洁,白雪梅,马红亮.探究社区研究述评与展望[J].电化教育研究,2016(7):50-57.

[67]杨玉芹.反思性评价在协同知识创新能力培养中的应用研究[J].中国电化教育,2018(01):42-49.

[68]余亮,黄荣怀.在线协作学习支持平台的历史、现状及研究趋势[J].电化教育研究,2009(12):54-58.

[69]余胜泉,杨晓娟,何克抗.基于建构主义的教学设计模式[J].电化教育研究,2000(12):7-13.

[70]郁晓华,祝智庭.CSCL应用的新研究[J].中国电化教育,2009(05):25-31.

[71]曾照云,程晓康.德尔菲法应用研究中存在的问题分析——基于38种CSSCI(2014-2015)来源期刊[J].图书情报工作,2016,60(16):116-120.

[72]张义兵,等.从浅层建构走向深层建构——知识建构理论的发展及其在中国的应用分析[J].电化教育研究,2012,33(09):5-12.

[73]张义兵,孙俊梅,木塔里甫.基于知识建构的同伴互评教学实践研究[J].电化教育研究,2018,39(07):108-113.

[74]赵呈领,等.消除在线学习者倦怠:教师情感支持的影响研究[J].中国电化教育,2018(02):29-36.

[75]赵海霞.翻转课堂环境下深度协作知识建构的策略研究[J].远程教育杂志,2015,33(03):11-18.

[76]赵海霞.网络环境下基于问题的协作知识建构设计与实践——以大学

生"结构化学"课程教学改革为例[J].中国电化教育,2013(01):100-105.

[77]赵建华,李克东.协作学习及其协作学习模式[J].中国电化教育,2000(10):5-6.

[78]赵建华.知识建构的原理与方法[J].电化教育研究,2007(05):9-15+29.

[79]郑兰琴,杨开城.为什么要研究一致性而不是有效性?[J].中国电化教育,2014(09):20-23+33.

[80]郑兰琴.教学设计与实施一致性分析的个案研究[J].现代远程教育研究,2015(03):95-103.

[81]郑娅峰,徐唱,李艳燕.计算机支持的协作学习分析模型及可视化研究[J].电化教育研究,2017,38(04):47-52.

[82]钟志贤,曹东云.网络协作学习评价量规的开发[J].中国电化教育,2004(12):49-52.

[83]钟志贤.建构主义学习理论与教学设计[J].电化教育研究,2006(05):10-16.

[84]钟志贤.知识建构、学习共同体与互动概念的理解[J].电化教育研究,2005(11):20-24+29.

二、英文文献

[85] Anderson T D, Garrison D R. Learning in a networked world[M]// Gibson C G(Ed.), Distance learners in higher education: Institutional responses for quality outcomes, Madison, WI: Atwood, 1998:97-112.

[86] Bakeman R, Quera V. Analyzing Interaction: Sequential analysis with SDIS and GSEQ[M]. UK, Cambridge: Cambridge University Press, 1995.

[87] Bakeman R. Observing interaction: An introduction to sequential analysis [M]. UK, Cambridge: Cambridge university press, 1997.

[88] Conrad R M, Donaldson A. Engaging the Online Learner: Activities and

Resources for Creative Instruction[M]. San Francisco, CA: Jossey-Bass,2004:26.

[89]Earl L, Katz S. Rethinking Classroom Assessment with Purpose in Mind [M]. Manitoba Education, Citizenship and Youth,2006.

[90]Harasim L. Learning theory and online technologies[M]. New York:Routledge,2012.

[91]Henri, F. Computer conferencing and content analysis[M]// In A. R. Kaye (Ed.), Collaborative learning through computer conferencing. Berlin: Springer-Verlag, 1992: 117-136.

[92]Pellegrino J W E, Hilton M L E. Education for Life and Work: Developing Transferable Knowledge and Skills in the 21st Century[M]. Washington, DC: The National Academies Press,2012.

[93]Scardamalia M, Bereiter C. An Architecture for Collaborative Knowledge Building[M]// Computer - Based Learning Environments and Problem Solving. Springer Berlin Heidelberg,1992:41-66.

[94]Stahl G, Koschmann T, Suthers D D. Computer-supported collaborative learning[M]// Sawyer R K(Ed.), Cambridge handbook of the learning sciences (2nded.), NY:Cambridge University Press, 2014:479-500.

[95]Stahl G. A Model of Collaborative Knowledge-Building[M]// Fishman B, Fourth International Conference of the Learning Sciences, Mahwah, NJ: Erlbaum, 2000:70-77.

[96]Stufflebeam D. L. The CIPP Model for Evaluation[M]// Kellaghan T., International Handbook of Educational Evaluation, Dordrecht: Kluwer Academic Publishers, 2003:34.

[97]Aalst J V, Chan C K K. Student - Directed Assessment of Knowledge Building Using Electronic Portfolios[J]. Journal ofthe Learning Sciences, 2007, 16 (2):175-220.

[98]Akins R B, Tolson H, Cole B. Stability of response characteristics of a

Delphi panel: Application of bootstrap data expansion[J]. BioMed Central Medical Research Methodology, 2005,5(1):1-12.

[99]Akyol Z, Garrison D R. The development of a Community of Inquiry over time in an online course: Understanding the progression and integration of social, cognitive and teaching presence[J]. Journal of Asynchronous Learning Networks, 2008, 12(3):3-22.

[100]Bereiter C. Principled practical knowledge: Not a bridge but a ladder [J]. Journal of the Learning Sciences, 2014,23(1):4-17.

[101]Biasutti M. A coding scheme to analyse the online asynchronous discussion forums of university students[J]. Technology, Pedagogy and Education, 2017, 26(5):601-615.

[102]Borgatti S P, Mehra A, Brass D J, et al. Network Analysis in the Social Sciences[J]. Science, 2009, 323(5916):892-895.

[103]Cacciamani S, Cesarenib D, Martinib F, et al. Influence of participation, facilitator styles, and metacognitive reflection on knowledge building in online university courses[J]. Computers & Education, 2012, 58(3):874-884.

[104]Chai, C. S., Khine, M. S. An analysis of interaction and participation patterns in online community[J]. Educational Technology & Society, 2006, 9(1): 250-261.

[105]Chan C K K, Chan Y Y. Students' views of collaboration and online participation in Knowledge Forum[J]. Computers & Education, 2011, 57(1):1445-1457.

[106]Chen J, Wang M, Kirschner P A, Tsai C C. The role of collaboration, computer use, learning environments, and supporting strategies in CSCL: A meta analysis[J]. Review of Educational Research, 2018,88(6):799-843.

[107]Coll César, Rochera María José, de Gispert Ines. Supporting online collaborative learning in small groups: Teacher feedback on learning content, academic-

task and social participation[J]. Computers & Education, 2014(75):53-64.

[108]Davis F D, Bagozzi R P, Warshaw P R. User Acceptance of Computer Technology: A Comparison of Two Theoretical Models[J]. Management Science, 1989, 35(8):982-1003.

[109]De Wever B, Keer H V, Schellens T, et al. Roles as a structuring tool in online discussion groups: The differential impact of different roles on social knowledge construction. [J]. Computers in Human Behavior, 2010, 26(4):516-523.

[110]De Wever B, Schellens T, Valcke M, Van Keer H. Content analysis schemes to analyze transcripts of online asynchronous discussion groups: A review [J]. Computers & Education, 2006, 46(1):6-28.

[111]Elia G, Solazzo G, Lorenzo G, et al. Assessing Learners' Satisfaction in Collaborative Online Courses through a Big Data approach[J]. Computers in Human Behavior, 2019(92):589-599.

[112]Garrison D R, Anderson T, Archer W. Critical Inquiry in a Text-Based Environment: Computer Conferencing in Higher Education[J]. Internet and Higher Education, 2000, 2(2-3):87-105.

[113]Garrison D R, Anderson T, Archer W. Critical thinking, cognitive presence, and computer conferencing in distance education[J]. American Journal of Distance Education, 2001, 15(1):7-23.

[114]Garrison D R, Arbaugh J B. Researching the community of inquiry framework: Review, issues, and future directions[J]. The Internet and Higher Education, 2007, 10(3):157-172.

[115]Gress C L Z, Fior M, Hadwin A F, et al. Measurement and assessment in computer-supported collaborative learning[J]. Computers in Human Behavior, 2010, 26(5):806-814.

[116]Gunawardena C C, Anderson T L. Analysis of global online debate and the development of an interaction analysis model for examining social construction of

knowledge in computer conferencing[J]. Journal of Educational Computing Research, 1997,17(4):397-431.

[117]Gunawardena C, Lowe C, Anderson T. Analysis of a global online debate and the development of an interaction analysis model for examining social construction of knowledge in computer conferencing[J]. Journal of Educational Computing Research, 1997, 17(4):397-431.

[118]Hamid S, Waycott J, Kurnia S, Chang S. Understanding students' perceptions of the benefits of online social networkinguse for teaching and learning[J]. Internet and Higher Education, 2015(26):1-9.

[119]Harasim L. Teaching and learning on-line: issues in computer-mediated graduate courses[J]. Canadian Journal of Educational Communication, 1987, 16(2):117-135.

[120]Hernández-Sellés Nuria, Pablo-César Muñoz-Carril, González-Sanmamed Mercedes. Computer-supported collaborative learning: An analysis of the relationship between interaction, emotional support and online collaborative tools[J]. Computers & Education, 2019(138):1-12.

[121] Hew K, Cheung W. Higher-level knowledge construction in asynchronous online discussions: An analysis of group size, duration of online discussion, and student facilitation techniques[J]. Instructional Science, 2011, 39(3):303-319.

[122] Hmelo-silver C E. Problem-Based Learning: What and How Do Students Learn? [J]. Educational Psychology Review, 2004, 16(3):235-266.

[123]Hong H Y, Scardamalia M. Community knowledge assessment in a knowledge building environment[J]. Computers & Education, 2014, 71(2):279-288.

[124]Hou H T, Wang S M, Lin P Ch, et al. Exploring the learner's knowledge construction and cognitive patterns of different asynchronous platforms: comparison of an online discussion forum and Facebook[J]. Innovations in Education &

Teaching International, 2015, 52(6):610-620.

[125]Hou H T, Wu S Y. Analyzing the social knowledge construction behavioral patterns of an online synchronous collaborative discussion instructional activity using an instant messaging tool: A case study[J]. Computers and Education, 2011, 57(2):1459-1468.

[126]Hung M L, Chou C. Students' perceptions of instructors' roles in blended and online learning environments: A comparative study[J]. Computers & Education, 2015, 81(2):315-325.

[127]Ioannou A, Demetriou S, Mama M. Exploring Factors Influencing Collaborative Knowledge Construction in Online Discussions: Student Facilitation and Quality of Initial Postings[J]. American Journal of Distance Education, 2014, 28(3):183-195.

[128]Jeong A , Davidson-Shivers G V . The Effects of Gender Interaction Patterns on Student Participation in Computer-Supported Collaborative Argumentation[J]. Educational Technology, Research and Development, 2006, 54(6):543-568.

[129]Joubert M, Wishart J. Participatory practices: Lessons learnt from two initiatives using online digital technologies to build knowledge[J]. Computers and Education, 2012, 59(1):110-119.

[130]Kehrwald B. Understanding social presence in text-based online learning environments[J]. Distance Education,2008,29(1):89-106.

[131]Kreijns K, Kirschner P A, Vermeulen M. Social Aspects of CSCL Environments: A Research Framework[J]. Educational Psychologist, 2013, 48(4):229-242.

[132]Kreijns K, Kirschner P A, Jochems W. Identifying the pitfalls for social interaction in computer-supported collaborative learning environments: A review of the research[J]. Computers in Human Behavior, 2003, 19(3):335-353.

[133]Kyndt E, Raes E, Lismont B, et al. A meta-analysis of the effects of

face-to-face cooperative learning. Do recent studies falsify or verify earlier findings?[J]. Educational Research Review, 2013, 10(4):133-149.

[134]Laru J, Näykki P, Järvelä S. Supporting small-group learning using multiple Web 2.0 tools: A case study in the higher education context[J]. Internet and Higher Education, 2012, 15(1):29-38.

[135]Lin K Y, Hong H Y, Chai C S. Development and validation of the knowledge-building environment scale[J]. Learning and Individual Differences, 2014,30:124-132.

[136]Lipponen L, Rahikainen M, Lallimo J, Hakkarainen K. Patterns of participation and discourse in elementary students' computer-supported collaborative learning[J]. Learning and Instruction, 2003, 13(5):487-509.

[137]Lu J, Law N. Online peer assessment: effects of cognitive and affective feedback[J]. Instructional Science, 2012,40(2):257-275.

[138]Ludvigsen, Sten. CSCL: connecting the social, emotional and cognitive dimensions[J]. International Journal of Computer-Supported Collaborative Learning, 2016, 11(2):115-121.

[139]Merrill M D, Li Z M, Jones M K. Second Generation Instructional Design (ID2)[J]. Educational Technology, 1990, 30(2):7-14.

[140]Näykki P, Isohätälä J, Järvelä S, Pöysä-Tarhonen J, & Häkkinen P. Facilitating socio-cognitive and socio-emotional monitoring in collaborative learning with a regulation macro script-an exploratory study[J]. International journal of computer-supported collaborative learning, 2017, 12(3):251-279.

[141]Ornellas A, Muñoz Carril P C. A methodological approach tosupport collaborative media creation in an e-learning higher education context[J]. Open Learning: The Journal of Open, Distance and e-Learning, 2014, 29(1): 59-71.

[142]Park J B H, Schallert D L, Sanders A J Z, et al. Does it matter if the teacher is there: A teacher's contribution to emerging patterns of interactions in on-

line classroom discussions[J]. Computers & Education,2015,82(3):315-328.

[143]Parks-Stamm E J, Zafonte M, Palenque S M. The effects of instructor participation and class size on student participation in an online class discussion forum[J]. British Journal of Educational Technology, 2017, 48(6):1250-1259

[144]Raes A, Schellens T. The effects of teacher-led class interventions during technology-enhanced science inquiry on students' knowledge integration and basic need satisfaction[J]. Computers & Education, 2016,92-93:125-141.

[145]Scardamalia M, Bereiter C. Computer Support for Knowledge-Building Communities[J]. Journal ofthe Learning Sciences, 1994, 3(3):265-283.

[146]Shea P, Bidjerano T. Community of inquiry as a theoretical framework to foster "epistemic engagement" and "cognitive presence" in online education[J]. Computers & Education, 2009, 52(3):543-553.

[147]Shepard L E. The role of assessment in a learning culture[J]. Educational Researcher, 2000,29(7):1-14.

[148]Slakmon B, Schwarz B B. Deliberative emotional talk[J]. International Journal of Computer-Supported Collaborative Learning, 2019(14):185-217.

[149]Slavin, Robert E . Research on Cooperative Learning and Achievement: What We Know, What We Need to Know[J]. Contemporary Educational Psychology, 1996, 21(1):43-69.

[150]So H J, Seah L H, Tohheng H L. Designing collaborative knowledge building environments accessible to all learners: Impacts and design challenges. [J]. Computers & Education, 2010, 54(2):479-490.

[151]Song Yanjie. Methodological Issues in Mobile Computer-Supported Collaborative Learning (mCSCL): What Methods, What to Measure and When to Measure? [J]. Journal of Educational Technology & Society, 2014, 17(4): 33-48.

[152]Spiro R J, Feltovich PJ, Jacobson M & Coulson R L. Cognitive Flexibility, Constructivism, And Hypertext: Advanced Knowledge Acquisition in Ill-Struc-

tured Domains[J], Educational Technology 1991, 31(5):24-33.

[153]Strijbos J W. Assessment of (Computer-Supported) Collaborative Learning[J]. IEEE Transactions on Learning Technologies, 2011, 4(1):59-73.

[154]Sun Z, Liu R, Luo L, et al. Exploring collaborative learning effect in blended learning environments[J]. Journal of Computer Assisted Learning, 2017, 33:575-587.

[155]Swan K, Shih L F. On the nature and development of social presece in online discussions[J]. Journal of Asynchronous Learning Networks, 2005, 9(3): 115-136.

[156]Tchounikine P. Learners' agency and CSCL technologies: towards an emancipatory perspective[J]. International Journal of Computer-Supported Collaborative Learning, 2019(14):237-250.

[157]Topping K. Peer assessment between students in colleges and universities [J]. Review of Educational Research, 1998,68(3):249-276.

[158]Wang Q, Woo H L, Zhao J. Investigating critical thinking and knowledge construction in an interactive learning environment[J]. Interactive Learning Environments, 2009, 17(1):95-104.

[159]Weinberger A, Fischer F. A framework to analyze argumentative knowledge construction in computer supported collaborative learning[J]. Computers & Education, 2006, 46(1):71-95.

[160]Wilson J M, Straus S G, McEvily B. All in due time: the development of trust in computermediated and face-to-face teams[J]. Organizational Behavior and Human Decision Processes, 2006(99):16-33.

[161]Wise A F, Schwarz B B. Visions of CSCL: eight provocations for the future of the field[J]. International Journal of Computer-Supported Collaborative Learning, 2017, 12(4):423-467.

[162]Yang X, Li J, Bei X. Behavioral patterns of knowledge construction in

online cooperative translation activities[J]. The Internet & Higher Education, 2018, 36(1):13-21.

[163] Zhan Z, Fong P S W, Mei H, et al. Effects of gender grouping on students' group performance, individual achievements and attitudes in computer-supported collaborative learning[J]. Computers in Human Behavior, 2015, 48(C):587-596.

[164] Zhao K, Chan C K K. Fostering collective and individual learning through knowledge building[J]. International Journal of Computer-Supported Collaborative Learning, 2014, 9(1):63-95.

[165] Zheng L, Huang R, Yu J. Identifying Computer-Supported Collaborative Learning (CSCL) Research in Selected Journals Published from 2003 to 2012: A Content Analysis of Research Topics and Issues[J]. Educational Technology & Society, 2014, 17(4):335-351.

[166] Zhu E. Interaction and cognitive engagement: An analysis of four asynchronous online discussions[J]. Instructional Science, 2006, 34(6):451-480.

[167] Zimmerman B J. Becoming a self-regulated learner: an overview[J]. Theory into Practice, 2002, 41(2):65-70.

三、网络及其他文献

[168] 国务院新闻办公室. 中共中央 国务院印发《国家创新驱动发展战略纲要》[EB/OL]. 2019-1-24. http://www.scio.gov.cn/xwfbh/xwbfbh/wqfbh/33978/34585/xgzc34591/Document/1478339/1478339.htm.

[169] 教育部. 国家中长期教育改革和发展规划纲要(2010—2020年)[EB/OL]. 2019-01-23. http://www.china.com.cn/policy/txt/content_19492625_3.htm.

[170] Ananiadou K, Claro M. 21st Century Skills and Competences for New Millennium Learners in OECD Countries[EB/OL]. https://www.oecd-ilibrary.org/

docserver/218525261154. pdf? expires = 1570345396&id = id&accname = guest & checksum = B7E5BF0307A39B7D1F41031ABA5F2090.

［171］Lehtinen E，Hakkarainen K，Lipponen L，et al. Computer Supported Collaborative Learning：A Review［EB/OL］. https：//www. researchgate. net/publication/250788384_Computer_Supported_Collaborative_Learning_A_Review，2019-12-31.

［172］Official Journal of the European Union. Key Competences for Lifelong Learning：A European Reference Framework［EB/OL］.［2019-10-06］. http://eur-lex. europa. eu/LexUriServ/LexUriServ. do？uri = OJ：L：2006：394：0010：0018：en：PDF.

［173］Partnership for 21st Century Skills. 21st Century Knowledge and Skills in Educator Preparation［EB/OL］.［2018-12-18］. https：//files. eric. ed. gov/fulltext/ED519336. pdf.

［174］World Economic Forum. New Vision for Education：Fostering Social and Emotional Learning Through Technology［EB/OL］. 2019-10-07. http://www3. weforum. org/docs/WEF_New_Vision_for_Education. pdf.

［175］World Economic Forum. New Vision for Education：Unlocking the Potential of Technology［EB/OL］. 2019-10-07. http://www3. weforum. org/docs/WEFUSA_NewVisionforEducation_Report2015. pdf.

附 录

附录一:在线协作学习评价指标体系咨询问卷
(第一轮专家咨询)

尊敬的专家:

您好!非常感谢您在百忙之中抽出时间,为我的研究填写关于"在线协作学习评价指标体系"的专家咨询问卷,问卷填写约需 20 分钟。本问卷主要包括两部分:第一部分是关于您的基本信息;第二部分是关于在线协作学习评价指标的评议及修改建议。此次专家咨询截至 2020 年 7 月 15 日,请您将填写好的问卷发送至邮箱 951114087@qq.com。

在线协作学习的主要目的在于实现高水平的知识建构,需要每个学习者积极分享自己的观点,并与其他学习者进行交流和互动,不断地改进观点。同时,这一过程还需要教师的干预和技术环境的支持,从而取得更好的效果。本研究初步拟定了评价指标:包括能动参与、社会互动、师生互动、技术支持 4 个一级指标,11 个二级指标,以及若干三级指标。

评价指标初步设计

评价维度	评价内容
A 能动参与	学习者具备积极的参与意识或学习信念,愿意主动参与在线协作学习 学习者表现出积极的行为,发表观点或者浏览他人的观点 同时,学习者能够在这个过程中积极地进行独立思考
B 社会互动	学习者能够围绕学习主题或任务进行讨论,不断地生成和改进观点 学习者能够不断地增强彼此之间的凝聚力,从而发展良好的学习共同体 学习者能够共同制订学习计划,监控和调整学习过程,并对协作进行评估
C 师生互动	教师能够设计劣构问题进行交流和讨论,并且能够激发学习者的兴趣 教师能够为学习者的交流和讨论提供必要的干预和支持,及时地进行反馈 教师能够给予学习者相应的情感支持,鼓励学习者参与在线协作
D 技术支持	技术工具能够便捷地获取,且容易使用 技术工具能够为学习者获取资源、交流互动提供有效的支持

第一部分 专家基本情况

请根据您的情况填写以下信息:

1. 您的教龄(　　) A. 31 年及以上　B. 21—30 年　C. 11—20 年　D. 10 年以下

2. 您的职称(　　) A. 高级　B. 副高级　C. 中级　D. 其他

3. 您的学位(　　) A. 博士　B. 硕士　C. 学士　D. 其他

第二部分 在线协作学习评价指标的评议

请您对该评价指标体系的各个维度及其所包含的各个指标的设置进行评议,包括:

(1)指标的重要程度,1 代表不重要,2 代表一般,3 代表重要,4 代表非常重要,请您在对应的方格中画"√"。

(2)指标的描述,您可以根据指标描述的准确与否提出相应的修改建议。

(3)指标的归属,您可以提出增加、删减、合并指标的修改建议。

A 能动参与						
二级指标	评价标准	1	2	3	4	修改建议
A1 学习信念	A11 学习者愿意参与在线协作学习					
	A12 学习者意识到在线协作对学习的促进作用					
A2 行为表现	A21 学习者积极分享自己的观点,例如发帖					
	A22 学习者积极浏览他人的观点,例如读帖					
A3 独立思考	A31 学习者针对讨论的问题进行思考和分析					
	A32 学习者针对不同的观点进行思考和分析					

B 社会互动						
二级指标	评价标准	1	2	3	4	修改建议
B1 任务互动	B11 学习者从不同的视角分享自己的观点					
	B12 学习者持续地进行提问质疑和解释说明					
	B13 学习者提供新的资料以帮助改进观点					
	B14 学习者发现和总结观点之间的联系					
	B15 学习者交流的观点能与真实生活联系					
B2 社交互动	B21 学习者之间相互尊重和鼓励					
	B22 学习者能够得到同伴的回应和帮助					
	B23 学习者能够自由地表达观点					
	B24 学习者的贡献能够得到他人的认可					
B3 社会调节	B31 学习者在协作中的角色和任务分配					
	B32 学习者共同制订学习的目标和计划					
	B33 学习者共同调整互动的方式和过程					
	B34 学习者共同评估讨论的过程和结果					

续表

C 师生互动						
二级指标	评价标准	1	2	3	4	修改建议
C1 问题设计	C11 教师设计的问题能激发学习者的兴趣					
	C12 教师设计的问题适合开展交流和讨论					
C2 认知反馈	C21 教师引导讨论而不是直接提供答案					
	C22 教师及时地回应学习者提出的问题					
	C23 教师为学习者的交流提供必要的材料					
	C24 教师在学习者争执不下时进行调解					
C3 情感支持	C31 教师了解和关心每个学习者					
	C32 教师督促学习者分享自己的观点					
	C33 教师通过表扬或批评激励学习者参与互动					

D 技术支持						
二级指标	评价标准	1	2	3	4	修改建议
D1 感知易用	D11 学习者喜欢使用讨论工具或平台进行学习					
	D12 讨论工具或平台可以随时随地接入和使用					
	D13 学习者熟悉讨论工具或平台的操作和功能					
D2 感知有用	D21 讨论工具或平台支持学习者查找相关资源					
	D22 讨论工具或平台支持学习者开展交流讨论					
	D23 讨论工具或平台支持学习者发展良好友谊					

附录二：在线协作学习评价指标体系咨询问卷
（第二轮专家咨询）

尊敬的专家：

您好！再次感谢您在第一轮问卷中给予的大力支持与帮助。根据各位专家的具体意见和建议，本研究对部分指标进行了相应的调整与修改。为了进一步完善该指标体系，再次有幸邀请您填写第二轮的专家咨询问卷。本问卷主要包括三部分：第一部分是关于在线协作学习评价指标的评议及修改建议，第二部分是关于指标评议依据的自评，第三部分是对各级指标的权重判断。请您将填写好的问卷发送至邮箱 951114087@qq.com。

第一部分 在线协作学习评价指标的评议

请您对该评价指标体系的各个维度及其所包含的各个指标的设置进行评议，包括：

（1）指标的重要程度，1代表不重要，2代表一般，3代表重要，4代表非常重要，请您在对应的方格中画"√"。

（2）指标的描述，您可以根据指标描述的准确与否提出相应的修改建议。

（3）指标的归属，您可以提出增加、删减、合并指标的修改建议。

A 能动参与						
二级指标	评价标准	1	2	3	4	修改建议
A1 学习信念	A11 学习者愿意参与在线协作学习					
	A12 学习者意识到在线协作对学习的促进作用					
A2 独立思考	A21 学习者积极思考分享自己的观点					
	A22 学习者采纳他人观点并产生新的理解					

B 社会互动						
二级指标	评价标准	1	2	3	4	修改建议
B1 任务互动	B11 学习者持续地进行提问质疑和解释说明					
	B12 学习者提供新的资料以帮助改进观点					
	B13 学习者发现和总结观点之间的联系					
	B14 学习者交流的观点与真实生活联系					
B2 社交互动	B21 学习者鼓励同伴参与在线协作					
	B22 学习者理解和尊重在线协作的同伴					
	B23 学习者自由地与同伴进行交流					
	B24 学习者认可他人的观点或贡献					
B3 社会调节	B31 学习者共同制订学习的目标和计划					
	B32 学习者共同调整互动的方式和过程					
	B33 学习者共同评估讨论的过程和结果					

C 师生互动						
二级指标	评价标准	1	2	3	4	修改建议
C1 问题设计	C11 在线讨论的问题能激发学习者的兴趣					
	C12 在线讨论的问题适合开展交流和协作					

续表

一级	评价标准					
C2 认知反馈	C21 教师引导讨论而不是直接提供答案					
	C22 教师在线回复学习者的问题和求助					
	C23 教师为学习者提供在线学习资源					
	C24 教师在学习者争执不下时进行调解					
C3 情感支持	C31 教师了解和关心每个学习者					
	C32 教师鼓励学习者参与在线协作					
	C33 教师认可学习者的在线协作表现					

D 技术支持

二级指标	评价标准	1	2	3	4	修改建议
D1 感知易用	D11 学习者可以随时随地使用讨论工具或平台					
	D12 学习者熟悉讨论工具或平台的操作和功能					
D2 感知有用	D21 讨论工具或平台支持学习者查找相关资源					
	D22 讨论工具或平台支持学习者开展交流讨论					

第二部分　关于指标计分依据的专家自评

本部分主要调查专家对以上指标选择的判断依据,请根据判断依据对以上评分的影响程度进行选择,并在对应的方格中画"√"。

您对问题的熟悉程度(　　)A. 很熟悉　B. 熟悉　C. 一般熟悉　D. 不熟悉　E. 很不熟悉

判断依据	影响程度		
	大	中	小
直观感觉			
理论分析			
实践(工作)经验			
对国内外的相关了解			

第三部分　在线协作学习评价指标权重咨询

本部分采用层次分析法确定各指标的权重，请您对指标的重要性进行两两比较，并在适当的方格中划"√"。越偏向左边说明左边的指标更重要，越偏向右边说明右边的指标更重要，数字的标度及说明如下：

重要性级别	含义	说明
1	同样重要	两个指标具有同等的重要性
3	稍微重要	两个指标比较，前一个指标比后一个指标稍微重要
5	相当重要	前一个指标与后一个指标相比，更倾向于前一个要素
7	明显重要	两指标比较，前一个指标比后一个指标十分重要
9	绝对重要	两指标比较，前一个指标比后一个指标极端重要
2、4、6、8	—	用于上述标准之间的折中值

例如，在"C 师生互动"与"D 技术支持"两个一级指标进行比较时，若您认为"C 师生互动"相当重要，则在左侧数字 5 对应的方格中画"√"，如下所示。

附 录

一级指标	左侧指标重要				同样重要	右侧指标重要				一级指标
	绝对重要	明显重要	相当重要	稍微重要		稍微重要	相当重要	明显重要	绝对重要	
	9	7	5	3	1	3	5	7	9	
C 师生互动			√							D 技术支持

注:若需要取折中值,则在对应的方格内填入相应的数字,如5下面填4。

请对各指标进行比较(越偏左表明左边的指标更重要,越偏右表明右边指标更重要)。

一级指标	左侧指标重要				同样重要	右侧指标重要				一级指标
	绝对重要	明显重要	相当重要	稍微重要		稍微重要	相当重要	明显重要	绝对重要	
	9	7	5	3	1	3	5	7	9	
A 能动参与										B 社会互动
A 能动参与										C 师生互动
A 能动参与										D 技术支持
B 社会互动										C 师生互动
B 社会互动										D 技术支持
C 师生互动										D 技术支持

二级指标	左侧指标重要 绝对重要 9	明显重要 7	相当重要 5	稍微重要 3	同样重要 1	右侧指标重要 稍微重要 3	相当重要 5	明显重要 7	绝对重要 9	二级指标
A1 学习信念										A2 独立思考
B1 任务互动										B2 社交互动
B1 任务互动										B3 社会调节
B2 社交互动										B3 社会调节
C1 问题设计										C2 认知反馈
C1 问题设计										C3 情感支持
C2 认知反馈										C3 情感支持
D1 感知有用										D2 感知易用

请您对评价标准的重要性进行排序。例如，B1 任务互动中的四条评价标准的重要性依次为 B11>B13>B12>B14，则在其后对应的方框内填入"1、3、2、4"。

二级指标	评价标准	按重要性递减排序
A1 学习信念	A11 学习者愿意参与在线协作学习	
	A12 学习者意识到在线协作对学习的促进作用	
A2 独立思考	A21 学习者积极思考分享自己的观点	
	A22 学习者采纳他人观点并产生新的理解	
B1 任务互动	B11 学习者持续地进行提问质疑和解释说明	
	B12 学习者提供新的资料以帮助改进观点	
	B13 学习者发现和总结观点之间的联系	
	B14 学习者交流的观点与真实生活联系	

续表

二级指标	评价标准	按重要性递减排序
B2 社交互动	B21 学习者鼓励同伴参与在线协作	
	B22 学习者理解和尊重在线协作的同伴	
	B23 学习者自由地与同伴进行交流	
	B24 学习者认可他人的观点或贡献	
B3 社会调节	B31 学习者共同制订学习的目标和计划	
	B32 学习者共同调整互动的方式和过程	
	B33 学习者共同评估讨论的过程和结果	
C1 问题设计	C11 在线讨论的问题能激发学习者的兴趣	
	C12 在线讨论的问题适合开展交流和协作	
C2 认知反馈	C21 教师引导讨论而不是直接提供答案	
	C22 教师在线回复学习者的问题和求助	
	C23 教师为学习者提供在线学习资源	
	C24 教师在学习者争执不下时进行调解	
C3 情感支持	C31 教师了解和关心每个学习者	
	C32 教师鼓励学习者参与在线协作	
	C33 教师认可学习者的在线协作表现	
D1 感知易用	D11 学习者可以随时随地使用讨论工具或平台	
	D12 学习者熟悉讨论工具或平台的操作和功能	
D2 感知有用	D21 讨论工具或平台支持学习者查找相关资源	
	D22 讨论工具或平台支持学习者开展交流讨论	

本次问卷填写完毕,再次感谢老师的辛勤付出,请您将问卷发送至邮箱 951114087@qq.com。

附录三：层次分析法计算函数（Excel 版）

	A	B	C	D	E	F	G	H	I	J
	总目标	子目标1	子目标2	子目标3	子目标4	Mij	几何平均数	权重 Wi	AWi	AWi/Wi
1										
2	1	3	4	2	1	=B2*C2*D2*E2	=GEOMEAN(B2:E2)	=G2/G6	=MMULT(B2:E2,H2:H5)	=I2/H2
3	0.33	1	0.50	0.50	0.33	=B3*C3*D3*E3	=GEOMEAN(B3:E3)	=G3/G6	=MMULT(B3:E3,H2:H5)	=I3/H3
4	0.25	2	1	2.00	0.25	=B4*C4*D4*E4	=GEOMEAN(B4:E4)	=G4/G6	=MMULT(B4:E4,H2:H5)	=I4/H4
5	0.50	2	0.50	1	0.50	=B5*C5*D5*E5	=GEOMEAN(B5:E5)	=G5/G6	=MMULT(B5:E5,H2:H5)	=I5/H5
6	总和						=SUM(G2:G5)	=SUM(H2:H5)		=SUM(J2:J5)

$$\lambda_{max} = \sum_{i=1}^{n}(AWi/Wi)$$

$$\lambda_{max} = J6/n$$

$$C.I. = (\lambda_{max} - n)/(n-1)$$

附录四:在线协作学习表现评分表

亲爱的同学,你好!本问卷的目的在于了解你对在线协作学习过程的评价和反思情况,你可以根据自己的实际情况进行填写和打分。问卷为匿名填写,不会涉及个人信息。同时,你也可以提出建议,包括对在线协作过程,对评价指标,以及对教学方面。若你认为所在小组的表现非常好,则选 5 分(优),表现较好,则选 4 分(良),表现一般,则选 3 分(中),表现不好,则选 2 分(差),表现非常不好,则选 1 分(非常差)。问卷结果仅用于学术研究,与课程成绩无关,再次对你表示感谢!

你所在的小组:					
	5	4	3	2	1
1. 我愿意参与在线协作学习					
2. 我能够意识到在线协作对学习的促进作用					
3. 我会在积极地思考问题以后再分享自己的观点					
4. 我可以从其他人的观点中获得新的理解					
5. 我所在的小组中,大家会持续进行提问质疑和解释说明					
6. 我所在的小组中,大家会提供新的资料来帮助他人改进观点					
7. 我所在的小组中,大家会去发现和总结彼此观点之间的联系和区别					
8. 我所在的小组中,大家交流的观点可以与真实的生活相联系					

续表

9. 我所在的小组中,大家会鼓励同学参与在线协作				
10. 我所在的小组中,大家能够彼此尊重和理解				
11. 我所在的小组中,大家可以自由地进行发言和交流				
12. 我所在的小组中,每个人的观点和贡献都会得到认可				
13. 我所在的小组中,大家会共同制订学习计划和安排				
14. 我所在的小组中,大家会共同调整互动的方式和过程				
15. 我所在的小组中,大家会共同评估讨论的过程和结果				
16. 教师设计的在线讨论话题可以激发我的学习兴趣				
17. 教师设计的在线讨论话题适合进行交流与协作				
18. 教师会引导我们讨论而不是直接给出答案				
19. 教师会在线回复我们提出的问题和求助				
20. 教师会为我们提供在线学习的资源				
21. 教师会在我们争论不下(不知所措)的时候进行调解				
22. 教师关心我们小组中的每一个人				
23. 教师会鼓励我们参与在线协作				
24. 教师会认可表扬我们在线协作的表现				
25. 在线协作的平台(QQ群)可以随时随地地使用				
26. 我熟悉在线协作平台(QQ群)的操作和功能				
27. 在线协作的平台(QQ群)可以支持我们查找相关的学习资源				
28. 在线协作的平台(QQ群)可以支持我们开展交流和讨论				
你认为在线协作的过程有什么需要改进的地方?(也可以关注评价指标,或者课程教学方面)				